Sobre la voluntad en la naturaleza

Arthur Schopenhauer

Sobre la voluntad en la naturaleza

Traducción de Miguel de Unamuno
Prólogo y notas de Santiago González Noriega

Alianza editorial
El libro de bolsillo

Título original: *Über die Wille in der Natur*

Primera edición: 1970
Tercera edición: 2012
Tercera reimpresión: 2024

Diseño de colección: Estrada Design
Diseño de cubierta: Manuel Estrada
Fotografía de Amador Toril

Reservados todos los derechos. El contenido de esta obra está protegido por la Ley, que establece penas de prisión y/o multas, además de las correspondientes indemnizaciones por daños y perjuicios, para quienes reprodujeren, plagiaren, distribuyeren o comunicaren públicamente, en todo o en parte, una obra literaria, artística o científica, o su transformación, interpretación o ejecución artística fijada en cualquier tipo de soporte o comunicada a través de cualquier medio, sin la preceptiva autorización.

© del prólogo y notas: Herederos de Santiago González Noriega
© Alianza Editorial, S. A., Madrid, 1970, 2024
 Calle Valentín Beato, 21
 28037 Madrid
 www.alianzaeditorial.es

PAPEL DE FIBRA
CERTIFICADA

ISBN: 978-84-206-0963-8
Depósito legal: M. 33.829-2012
Printed in Spain

Si quiere recibir información periódica sobre las novedades de Alianza Editorial, envíe un correo electrónico a la dirección: alianzaeditorial@anaya.es

Índice

9 Prólogo de Santiago González Noriega

Sobre la voluntad en la naturaleza

27 Prólogo
47 Introducción
57 1. Fisiología y patología
91 2. Anatomía comparada
123 3. Fisiología vegetal
151 4. Astronomía física
171 5. Lingüística
177 6. Magnetismo animal y magia
213 7. Sinología
225 8. Remisión a la ética
233 Conclusión

237 Bibliografía selecta

Prólogo

Encontrar en los más recientes descubrimientos de las ciencias naturales de la época una confirmación de la verdad de las tesis fundamentales de su metafísica: he aquí la pretensión de Schopenhauer al escribir *Sobre la voluntad en la naturaleza;* al ser publicada habían transcurrido ya dieciocho años desde la aparición de la obra capital del filósofo, *El mundo como voluntad y representación,* y su pensamiento continuaba siendo ignorado por los medios filosóficos académicos y desconocido del gran público; el intenso paranoidismo del pensador se había acentuado en el correr de los años en razón del aislamiento a que su obra se veía condenada; de ahí que toda aproximación de los medios científicos de la época a las tesis básicas de la metafísica de Schopenhauer sea acogida por éste no ya sólo con agrado, sino incluso con un apresuramiento excesivo, que muchas veces deja de lado la más elemental exigencia de rigor y llega a apoyarse en analogías expresivas para poder presentar escritos contemporáneos como puras confirmaciones de sus asertos. La presente obra no puede comprenderse más que a partir de la situación de aislamiento intelectual en que se encuentra Schopenhauer en la época de su publicación –año 1836– y que habrá de prolongarse hasta pocos años antes de la muerte del filósofo. De hecho, el prólogo, escrito en 1854 para la segunda edición de la obra, refleja idéntica situación de solitaria incomunicación: su aislamiento en los medios académicos es visto como el resultado de una «conjura» de los «filósofos de oficio» que pretenden «hacer el juego al Papa» repitiendo sin convicción alguna las «comedias eclesiásticas» exigidas por los ambientes reaccionarios de la época. Detrás de tan amargas quejas y violentas acusaciones se traslucen elementos esenciales de la situación intelectual de nuestro filósofo: su indómito deseo de independencia, favorecido y facilitado por su cómoda vida de rentista, su desprecio por la filosofía universitaria, tan alabados por Nietzsche en la tercera de sus *Consideraciones intempestivas* («Schopenhauer como educador»), y, sobre todo, su radical oposición a Hegel y al hegelianismo. En efecto, la obra schopenhaueriana marca el comienzo de un viraje radical en la filosofía occidental: la historia del pensamiento de Occidente, dominada desde la Patrística por las ideas centrales de la religión cristiana, toma entonces nuevos derroteros e intenta hallar un nuevo punto de apoyo en las religiones orientales, y especialmente en el budismo (cfr. el capítulo de esta misma obra que lleva por título «Sinología»); corresponde a Schopenhauer, y de modo principal, la responsabilidad de este cambio de orientación. Desde una consideración de la sustancia como dominada por la impulsión a querer su propio ser en las formas más altas, en las formas de la subjetividad, en las que la sustancia llega a ser la reflexión de sí misma sobre las leyes que presiden su ser y su obrar, pasamos a la idea de un querer vivir ciego, de una voluntad que, siendo toda realidad, no puede, sin embargo, referirse a sí propia más que en el modo de la distanciada e indiferente contemplación ascética; del goce de lo que es en el interior de sí mismo (cfr. Hegel, *Enciclopedia de las ciencias filosóficas,* parágrafo 159), se pasa, sin transición, bruscamente, al dolor sin sentido de una subjetividad a la que es negado hasta el tener por exilio al abandono de la nada que le dio origen.

Con Schopenhauer se inicia la serie de hombres trágicos que, como Wagner y Nietzsche, pretenderán vivir la muerte del dios cristiano como un desesperanzado dolor que no se negará a sí mismo, sino que, por el contrario, pretenderá aceptarse sin paliativos ni consuelos y hasta con orgullo; para todos los hombres de esta especie siguen siendo válidas las palabras que Federico Nietzsche dedicara a Schopenhauer en su *Consideración intempestiva,* al presentárnosle como «el guerrero que desde las simas del escepticismo y de la renunciación crítica nos conduce a la cima de la contemplación trágica, en tanto que la infinita bóveda estrellada se despliega sobre nosotros» (en *Obras Completas,* trad. Eduardo Ovejero, Madrid, Aguilar, 1966, tomo I, pág. 113).

Con todo, esta ruptura con la tradición pretendida por la obra de Schopenhauer toma la forma de un retorno a la tradición, y –como habrá de ocurrir más tarde con la Escuela de Marburgo o con el primer Heidegger– en la específica modalidad de un retorno a Kant. Sabido es, mas no está de más el recordarlo aquí, que Schopenhauer identifica la distinción kantiana entre cosa en sí y fenómeno con la por él establecida entre las nociones de voluntad *(Wille)* y representación *(Vorstellung);* sólo que, en Schopenhauer, esta distinción se establece sobre la base de una absolutización de uno de los dos términos de la oposición, la voluntad, mientras que el otro, la representación, no será otra cosa que una modificación experimentada por el primero en su desarrollo, modificación en la que la voluntad se presentará como querer conocer *(Erkennenwollen),* es decir, en la forma de una voluntad que tiende a inteligirse a sí misma en tanto que voluntad.

Examinemos ahora con detenimiento la originalidad de la aportación de Schopenhauer, la especificidad de su comprensión de lo que es como voluntad, y esto de modo analítico y partiendo de sus declarados orígenes kantianos y manteniéndonos en la dirección de su influencia en el pensamiento filosófico posterior, señalando esquemáticamente –la brevedad del espacio disponible así lo exige– los distintos sentidos que se articulan en la noción de *voluntad*.

Ya antes de Darwin nos presenta Schopenhauer al ser –la voluntad– como sometido a un proceso evolutivo, aunque es preciso añadir de inmediato que esta «historia de la voluntad» es en realidad una antihistoria, pues sus logros no consisten en otra cosa que en un progresivo desprendimiento de sí misma –frente a la concentración en sí *(Selbst)* del sujeto absoluto hegeliano–. La voluntad es toda realidad –la cosa en sí, el ser en sí, lo carente de fundamento por ser fundamento de todo–, y de ella es manifestación cuanto existe: la voluntad se objetiva en formas que reflejan de modo cada vez más perfecto su propio ser; la descripción de la variedad de estas formas viene a ser el tema central de *Sobre la voluntad en la naturaleza,* ya que en esta obra se da explicación, fundamentalmente, de las primeras y más elementales fases del proceso evolutivo que realiza la voluntad, tal y como dichas fases son puestas de manifiesto por investigadores de diversas ciencias empíricas a las que Schopenhauer acude en busca de apoyo para la validación de sus tesis metafísicas: astronomía física, fisiología vegetal, anatomía comparada, fisiología y patología animales son las ciencias a cuyos datos se recurre.

La más simple y más baja de las manifestaciones volitivas es la fuerza gravitatoria, pero la voluntad que se manifiesta en forma de gravedad es la misma fuerza que se presenta, asimismo, en formas tan elevadas y complejas como la percepción animal o el conocimiento humano. Schopenhauer remite todo movimiento a un único principio, del que el hombre puede tener experiencia por simple consideración atenta de su propio ser: este principio de todo movimiento, esta única realidad, es, justamente, la voluntad. En oposición a la clásica primacía del conocimiento frente a la voluntad, aserto que Schopenhauer tiene por nota dominante y carácter específico de la filosofía que le ha precedido, postula él que la voluntad es lo primario, lo originario de lo que todo se deriva. Si la primera y más simple manifestación de la voluntad es la gravedad, el cuerpo orgánico es la siguiente forma en la evolución de la voluntad; desgajada de esta primaria forma gravitatoria, la variedad de individualidades orgánicas constituye una sucesión de grados de objetivación de la voluntad en la representación –esto es, en las formas del espacio, tiempo y causalidad, las únicas que Schopenhauer retiene del sistema categorial kantiano– y estos grados corresponden, según la doctrina de nuestro filósofo, a las *ideas* platónicas. «El cuerpo orgánico –nos dice– no es otra cosa que la voluntad dentro de la representación, la voluntad misma intuida en la forma intelectual del espacio» (capítulo 1 de la presente obra). La voluntad de vivir, que de este modo se objetiva en el cuerpo orgánico, determina tanto el carácter total del cuerpo cuanto la figura del organismo, revistiendo una multiplicidad de aspectos –estos aspectos que Schopenhauer hace coincidir con las ideas platónicas–, mas tal multiplicidad es engañosa, pues no es otra cosa que la polimorfa manifestación del principio único, de la voluntad. Además, la diversidad de formas orgánicas que toma la voluntad se hallan en permanente lucha, en perpetuo combate en el que cada ser intenta por todos los medios a su alcance someter a todos los otros a la primacía de las exigencias impuestas por su específica forma: el mundo orgánico presenta el desolador aspecto de una incesante guerra entre todos los seres vivos, en la que todos son, alternativamente, dominadores y dominados, perseguidores y perseguidos: «donde alienta un viviente allí hay otro para devorarlo», dice Schopenhauer (capítulo 2). De esta lucha de todos los vivientes, consiguiente resultado de la estéril fragmentación de la voluntad en individualidades orgánicas, sólo se sigue un resultado: *el dolor universal.*

Será preciso aguardar hasta la aparición de la inteligencia humana para que se disocien netamente voluntad y representación, dando origen a la conciencia; ésta no es otra cosa que una función del organismo y, en cuanto tal, está subordinada a los intereses vitales del cuerpo orgánico en que ha tenido origen; el intelecto nace, pues, terminantemente subordinado a la voluntad y a los fines de ésta. El querer conocer no es una forma de complacencia de lo que es –la voluntad– en su ser propio, sino, y bien al contrario, una forma –y tan sólo una forma más– de aquellas en que la voluntad despliega su ser. Pero, al ser una *representación de la voluntad,* sus contenidos adquieren, en virtud de una especie de «astucia del intelecto», una cierta independencia respecto de la ciega voluntad; la inteligencia, surgida de los inmediatos fines de la voluntad, permite al hombre el alcanzar un grado de liberación frente a su origen incondicionado, y esto en virtud de la exactitud del reflejo que la representación proporciona. El hombre se constituye así en sujeto, y el mundo se convierte en representación para ese sujeto (la frase: «El mundo es mi representación», es, precisamente, la que da comienzo a la obra capital de Schopenhauer); la polaridad fundamental se desplaza de la antítesis voluntad–representación al juego que convierte al mundo en espectáculo para un sujeto, protegiéndole frente a la voluntad y convirtiendo su existencia en una contemplación tanto más perfecta cuanto más desinteresada y desapasionada, cuanto más distanciada de la voluntad que le da origen; el sujeto, «gran ojo del mundo», consigue no tener otro objeto que un frío espejo que le devuelve, a un mismo tiempo, la imagen de la omnitud del ente –la voluntad que constituye el ser primario del sujeto– y la constancia de la nadería de esta imagen total del mundo; la clara conciencia de la insignificancia y futilidad del mundo pasa a ser el único remedio para la dolorida voluntad del sujeto, viniendo a ser, paradójicamente, el alimento exclusivo de que habrá de sustentarse en su empresa de describir, en minucioso y gélido *trompe-l'oeil,* ese mundo con el que estará ligado tan sólo por la minuciosa pincelada del artista que únicamente puede representar, a más de naturalezas muertas aunque dinámicas, ese amasijo de muecas atroces y figuras bestiales que Schopenhauer, con nuestro Gracián, creyó descubrir tras la apariencia de la sociedad humana: es el *ascetismo estético.*

La voluntad es, además, voluntad de conservar el ser propio, esfuerzo interno por permanecer en el ser. Frente a la idea de un *ens a se,* Schopenhauer nos presenta un mundo hecho desde dentro, fiel a sí mismo, aunque no por amor a sí propio, sino por íntima constitución; en cuanto tal, es el mundo lo libre, pero, frente al creacionismo que sitúa el origen de esta libertad en una libertad más alta –la divina–, la libertad de la voluntad es, en realidad, una espantosa condena: la voluntad está encarcelada en sí misma, o, dicho de modo más preciso, no puede por menos de ser la voluntad que es, y esto en el modo en que, en cada caso concreto, es. Muy kierkegaardianamente, podríamos decir que la mera voluntad es, *tan sólo,* realidad, y que no le es dado acceder a la más alta forma de ser, la posibilidad; consecuentemente con el anticreacionismo schopenhaueriano, se niega a la voluntad –en sí misma, esto es, aún no devenida representación– la posibilidad de no ser sí misma, excluyendo del ser de la sola voluntad toda intrínseca relación a la nada; esta exclusión inicial de la nada (la negación de que, en el principio, haya habido, de un modo u otro, decisión entre el ser y la nada) determinará la oposición de Schopenhauer a la metafísica tradicional y a sus fundamentos teológicos judeocristianos: volveremos a insistir sobre este punto.

En sus formas más bajas –el mineral y el vegetal–, la voluntad se nos aparece como algo extremadamente próximo al no ser, a la no existencia:

No le falta [a este tipo de formas], sin embargo, lo primario para la existencia, la voluntad, sino tan sólo lo secundario [la representación]; pero nos parece que lo primario, que es el ser de la cosa en sí, sin lo secundario se reduciría a la nada (capítulo 3).

En este texto descubrimos una ambigüedad del pensamiento schopenhaueriano; por una parte, lo puramente inconsciente, lo privado de la facultad de representación, carece de toda relación a su ser propio y sólo puede aparecer como el ser que es en otro ser dotado de tal facultad –el animal y, sobre todo, el hombre–; por otra parte, y en aparente oposición a lo antedicho, este inconsciente de la voluntad en la piedra o en la planta, es un inconsciente creador, dotado de características peculiares y potencia prevalente; en este segundo aspecto de su doctrina Schopenhauer se aproxima a la filosofía de la naturaleza de Schelling y a la idea de un inconsciente creador de von Hartmann. Por el contrario, el mundo de la representación es el dominio de lo consciente, dominio en el que se abre una nueva y tentadora posibilidad para la dolorida subjetividad, aprisionada por la voluntad. Parafraseando la doctrina aristotélica de los contrarios como principios, podría decirse que mientras que la voluntad inconsciente es un «no ser relativo», es para la conciencia, y sólo para ésta, para lo que se abre la posibilidad de un «no ser absoluto», de un total aniquilamiento; esta posibilidad es la más alta que sea dada a la voluntad en su más elevada forma de desarrollo, a la voluntad como voluntad de conocer; merced al conocimiento puede la voluntad sustraerse en el hombre a su propio influjo, convirtiéndose aquél de esta suerte en un creador al revés, en un ser que puede la más alta posibilidad: aniquilarse a sí mismo, negar ese puro error que es el de que el ser sea:

> ... tras la total supresión de la voluntad y para todo lo que no esté todavía lleno de esta voluntad misma, no resta otra cosa que la nada. Pero también a la inversa, para quienes han dado la vuelta y negado a la voluntad, este mundo nuestro tan real, con todos sus soles y galaxias, no es nada *(El mundo como voluntad y representación,* I, parágrafo 71).

Se diría que la filosofía de Schopenhauer es la más perfecta consagración del culto a lo que años más tarde habría de denominar Freud «pulsión de muerte» *(Todestrieb);* verdadero culto a la nada es éste, al postular que lo que existe no ha de entenderse como simple acumulación de seres —de ahí su crítica del panteísmo—, sino que requiere, además y junto al todo del ser, la posibilidad de la negación de ese todo, el benéfico refugio de la nada, que es lo único en verdad *bueno,* el mayor de los dones que son dados al hombre. Para poner de manifiesto la importancia de la penetración del budismo en Occidente operada en la obra de nuestro pensador, compárese lo dicho con las siguientes palabras de Buda:

> Hay, ¡oh monjes!, un no-nacido, un no-venido a la existencia, un no-hecho, un no-compuesto. Si, ¡oh monjes!, no hubiese habido un no-nacido, un no-venido a la existencia, un no-hecho, un no-compuesto, no se conocería salida alguna para lo que ha nacido, ha venido a la existencia, ha sido hecho, está compuesto, aquí abajo. Pero puesto que, en verdad, ¡oh monjes!, hay un no-nacido, un no-venido a la existencia, un no-hecho, un no-compuesto, es posible conocer una salida para lo nacido, para lo venido a la existencia, para lo hecho, para lo compuesto *(Itivuttaka,* II, 6);

esta salida de que habla Buda es, obviamente, el retorno a lo no-nacido... a la nada salvadora del dolor de existir. Negado a Dios el poder de creación, el inmanentismo subsiguiente encuentra un camino hacia la trascendencia en la operación inversa, *la aniquilación;* pero esta posibilidad de la nada –según se indicó más arriba– no es adscrita sin más al ser en sí (la *Ciencia de la lógica,* de Hegel, viene a ser, justamente, ese discurso que legitima al ser entero frente –y contra– la posibilidad de la nada), sino que es propiedad y asunto exclusivo de aquel ser, el hombre, en donde la voluntad se desdobla en representación: la nada pertenece al ser, pero no al comienzo –en el *antes* de su posición en la existencia y como aquello a que Dios opuso al ser, en una contraposición que estaría en la base del acto de creación–, sino al término de su desarrollo; el logro final de la ciega actividad de la voluntad es esta posibilidad de sustraerse al ser, posibilidad que ha de constituirse en el fin último de la actividad del sabio.

Por último, réstanos mostrar de modo sucinto la vigencia de los grandes temas schopenhauerianos en algunos de los más importantes pensadores de la edad contemporánea. Según se ha mostrado, es Schopenhauer un pensador de decidido antiplatonismo, el primero en serlo, quizá, en nuestra época; para él, el ser no es ya *to agathon,* lo bueno –como lo había sido en la filosofía desde Platón hasta Hegel y según había encontrado cabal representación religiosa en los escritos de Juan–, el ser es, por el contrario, *el mal,* no tanto *un error* –como más arriba se caracterizó provisionalmente al hecho, al darse de la voluntad– cuanto *error* de pies a cabeza, por así decir; y es tanto más error, no-verdad, cuanto que no cabe decir del mundo que sea *injusto,* como habían hecho cuantos llegaban a aceptar hasta el más absoluto repudio del mundo si tal era el precio exigido para defender la justicia de la idea, pues ya no se puede pedir cuentas a nadie, y a la maldad del mundo y al dolor de la existencia sólo cabe oponer la implacable lucidez ascética del sabio; los términos se trastruecan, y a un nihilismo del ser responde la consideración de la nada como lo único verdadero. La muerte no aparece siquiera en la violenta y dramática figura del suicidio, sino que se presenta más bien como la lenta consunción del sujeto en el interior de sí; a la complacencia del ser consigo mismo, que alcanza su más acabada expresión filosófica en el sistema de Spinoza, responde, en Schopenhauer, el dolor como manifestación del desacuerdo interno de lo que es, de la voluntad desgajada en una multiplicación y diversidad de seres. Pero el dolor es, asimismo, la puerta de acceso a la esencial corporeidad del ser humano, correlato de la corporeidad en cuanto que ésta es la «mera sensibilización u objetivación [de la juventud]» (cap. 1).

Las relaciones entre vida y dolor, y el predominio del cuerpo, «gran razón», sobre el alma, serán dos puntos de capital importancia en la doctrina de dos grandes seguidores de Schopenhauer: Nietzsche y Freud. En el primero el ascetismo estético de su predecesor se convierte en un heroísmo trágico que, sin inquietarse por la felicidad («Una vida feliz es imposible», llegará a decir Nietzsche), pretende dar un rotundo sí al placer y al dolor, aceptar con pasión cuanto de bueno y de malo pueda ofrecer la vida; la voluntad schopenhaueriana de renuncia, de retorno a la nada, se transforma en Nietzsche, por el camino de la voluntad de contención, en el límite que la propia voluntad es para sí misma, en «voluntad de voluntad». A pesar de evidentes analogías y fáciles aproximaciones, la posición de Freud es bien distinta; como en sus predecesores, hay en él una decidida vocación de lucidez, de conciencia de la realidad, y una sobria decisión de apartarse de la búsqueda inmediata e incondicionada del placer; sin embargo, y más próximo en esto a Schopenhauer que a Nietzsche, la finalidad de la vida humana es pensada como obtención de la disminución del dolor. Para Freud es éste la primera facticidad de la existencia humana: basta leer las conmovidas páginas del capítulo segundo de *El malestar en la cultura,* donde, bajo la rúbrica común de «lenitivos que nos permiten soportar la vida», son agrupados fenómenos que van desde la intoxicación por drogas a la psicosis pasando por la satisfacción de los instintos y el arte o la religión; es más, la presunta falsedad de éste, o, para expresarnos en términos freudianos, su carácter «ilusorio», se fundamenta en la incapacidad de la religión para hacer desaparecer de modo efectivo el dolor en el mundo, mucho más que un criterio objetivo de concordancia entre pensamiento y realidad.

Aún queda mucho por decir en lo referente a una elemental situación del pensamiento de Schopenhauer en la cultura contemporánea, destacando, por ejemplo, la función de la nada y la ausencia del tema del dolor en la filosofía de Heidegger, o las concomitancias existentes entre la filosofía schopenhaueriana y el mundo novelístico de Franz Kafka: es pretensión de éste, en efecto, el mostrar un mundo en el que se hagan innecesarios la redención y el juicio universal; la pregunta por la bondad o maldad del mundo es sustituida por la simple constatación de su facticidad, constatación que prohíbe, precisamente, la interrogación por el sentido de lo existente; el mundo no es ni bueno ni malo, y el empleo de términos tales es puramente indecoroso, ya que no irreverente, lográndose así una sumisión absoluta a lo dado que, aparentemente, garantiza el ser de Dios frente al mal, pero que, en realidad, pretende ofrecer en holocausto ante un Dios no ya cruel, sino meramente indiferente la libertad humana, la infinita posibilidad de la acción del hombre. No se da la nada aquí al lado del ser –de la voluntad–, como algo que puede preservar al hombre del dolor de existir, según ocurría en Schopenhauer, sino que, en Kafka, la nada misma ha sido instalada en el despiadado corazón de un existir que no pretende ya ni reconocer la diferencia entre el dolor y la plena satisfacción y que consuma el sometimiento pasivo al ser hasta el punto de tener por fútil la pregunta por tal diferencia; no es necesario el refugio de la nada pagado al precio del más exigente ascetismo y de la más lacerada lucidez: la vida cotidiana es ya, para Kafka, esa nada en la que la subjetividad queda definitivamente anegada hasta que desaparece de ella todo residuo de oposición, de distinción, respecto al mundo en que le habría sido dado el poder de consumar el propio destino.

Santiago González Noriega

Sobre la voluntad en la naturaleza

Prólogo[1]

He logrado la dicha de poder dar una segunda mano de mejora a esta obrilla, al cabo de diecinueve años, y mi dicha es tanto mayor cuanto que es de singular importancia para mi filosofía el presente trabajo. Lo es porque, a partir de lo puramente empírico, de lo que han observado investigadores de la Naturaleza que, sin prevención alguna, seguían el hilo de su respectiva ciencia, he llegado desde luego al núcleo mismo de mi metafísica, mostrando así el punto de contacto de ésta con las Ciencias Naturales, y ofreciendo a la comprobación de mi dogma fundamental, la base más clara y más comprensiva que pueda darse.

Las mejoras introducidas en esta nueva edición redúcense, por lo general, a adiciones; pues sin haber quitado

---

1. Prólogo a la segunda edición, corregida y aumentada, de *Sobre la voluntad en la naturaleza,* aparecida en Frankfurt en 1854.

de la primera nada que digno de mención sea, hele añadido rico acervo de nuevos e importantes datos.

Tengo por buena señal la de que pidan las librerías otra edición de este escrito, porque este hecho indica que hay quienes se preocupan de la filosofía seria, confirmándose así el que se siente hoy más que antes la necesidad de progresos efectivos en la misma. Depende esto de dos circunstancias. Es una de ellas el impulso vigoroso y sin ejemplo que han cobrado las ramas todas de las Ciencias Naturales, que cultivadas en gran parte por gentes que fuera de ellas nada han aprendido, amenaza llevarnos a un grosero y torpe materialismo, en que no es lo más escandaloso la bestialidad moral de los últimos resultados, sino la increíble ignorancia de los primeros principios, ya que se niega la fuerza vital y se rebaja la naturaleza orgánica a ser un juego casual de fuerzas químicas*. No sería malo que se enterasen estos señores del crisol y la retorta de que la simple química les capacita para boticarios, pero no para filósofos; así como tampoco les vendría mal a ciertos otros señores, que se dedican a Ciencias Naturales, el caer en la cuenta de que se puede ser un consumado zoólogo y tener al dedillo hasta sesenta especies de monos, y sin embargo, si es que no se ha aprendido fuera de eso nada más que el catecismo tomado en bruto, no pasar de ser ignorante, uno de tantos del vulgo. Y esto ocurre con mucha

---

* A tal punto ha llegado la locura, que se cree seriamente haber hallado la clave del misterio de la esencia y de la existencia de este mundo admirable y misterioso en las mezquinas *afinidades químicas*. La verdad es que, comparada con la insania de nuestros químicos *fisiólogos,* era bien poco la locura de los alquimistas, que buscaban la piedra filosofal, esperando hacer oro. *(N. del A.)*

frecuencia hoy. Métense a lumbreras gentes que fuera de su química, su física, su mineralogía, su zoología o su fisiología, nada han aprendido acerca del mundo y sin otro conocimiento alguno que no sea lo que les quede de lo que en sus años juveniles aprendieron del catecismo, si no ajustan bien esos dos fragmentos, vuélvense mofadores de la religión y, en su consecuencia, materialistas groseros*. Es fácil que hayan oído alguna vez en la escuela que existieron un Platón, un Aristóteles, un Locke y un Kant; pero como estos señores no manejaron crisoles ni retortas, ni embalsamaron monos, no merecen que se les conozca de más cerca. Echando por la ventana el trabajo mental de dos siglos, filosófase ante el público con medios propios, sobre la base del catecismo de una parte, y de los crisoles, retortas y registros de monos de la otra. Deberían saber que son unos ignorantes, a quienes les queda aún mucho que aprender antes de poderse meter a hablar de ciertas cosas. Todo aquel que se meta hoy a dogmatizar acerca del alma, de Dios, del origen del mundo, de los átomos, etc., con un realismo tan infantil e ingenuo como si no se hubiese escrito la *Crítica de la razón pura,* o no quedase ejemplar alguno de ello, es uno que pertenece al vulgo: despachadle con los criados a que emplee con ellos su sabiduría**.

---

* Su solución es ésta: *Aut catechismus aut materialismus. (N. del A.)*
** Hay también personas que se las arreglan con terminachos extraños, que no entienden, como el que habla de *idealismo* sin saber lo que esto significa, y usándolo las más de las veces en el sentido de *espiritualismo* (que, lo mismo que el realismo, es lo opuesto del idealismo). Esto puede verse más de cien veces en libros y revistas; y con éste otros *quid pro quos* semejantes. *(N. del A.)*

La otra circunstancia que provoca y demanda efectivos progresos en la filosofía, es que, a pesar de los tapujos hipócritas todos y de todas las comedias eclesiásticas, va la incredulidad ganando terreno palmo a palmo, a medida que se difunden los conocimientos empíricos e históricos. Amenaza llegar la cosa hasta expulsar el espíritu y el sentido cristianos, conservando tan sólo la forma del cristianismo, y arrojar así a la Humanidad al materialismo *moral,* que es más peligroso que el químico.

No trabaja menos esta incredulidad con esa gazmoñería, que se cuela desvergonzadamente por donde quiera, con esos jóvenes que, guardándose la propina y llenos de unción, predican de modo que sus voces lleguen a las revistas críticas de las academias y universidades, y a los libros de Fisiología y Filosofía. Y, como no es ése su lugar, dañan con su indignación a los fines mismos que pretenden servir. Habría que hacerles entender que no se cree en sus creencias. En circunstancias tales es consolador que muestre el público interés por la filosofía.

Tengo, sin embargo, que participar una noticia triste a los profesores de Filosofía, y es que su Gaspar Hauser[2] (según Dorguth), aquel a quien han privado cuidadosamente de aire y de luz durante unos cuarenta años, manteniéndole bien emparedado, de modo que no llegase rumor alguno de su existencia al mundo, el tal Gaspar Hauser, ¡ha salido!; ha salido, sí, y corre por el mundo, y hay quienes le creen un príncipe. O para hablar lisa y lla-

---

2. Enigmático personaje alemán, sobre cuyo nacimiento corrían las más dispares noticias, llegando a tenerle el vulgo por bastardo de Napoleón.

namente, que aquello que más temían, aquello que han logrado tener oculto hasta la vejez de un hombre, aunando sus fuerzas todas para conseguirlo, con constancia, mediante un profundo silencio unos secreteos y unas ignorancias como no se habían visto antes; eso, esa desgracia, ha llegado por fin; ha empezado a leérseme y ya no se dejará de hacerlo. *Legor et legar;* no hay otra cosa. La verdad es que es inoportuno y molesto, una fatalidad, una verdadera fatalidad, si es que no una calamidad. ¿Es este el pago de un silencio tan fiel y de una conjuración tan bien tramada? ¡Desgraciados consejeros!

¿Dónde queda la promesa de Horacio aquello de

Est et fideli tuta silentio
merces?...[3]

No les ha faltado fiel silencio, no; es éste precisamente su fuerte, porque allí donde barruntan salario es donde su habilidad se muestra, pues lo que nadie conoce es como si no existiera. Pero la *merces,* si es completamente *tuta,* parece bien; hay, pues, que interpretar *merces* en mal sentido, sin que falten buenas autoridades clásicas en apoyo de esto. Han comprendido muy bien esos señores que el único medio contra mis escritos era mantenerlos en secreto para el público, mediante un profundo silencio y en medio de la gritería que arman, al nacer cual hijo contrahecho de la filosofía profesional, lo mismo que un tiempo ahogaron los coribantes con su bulla la voz de Júpiter recién nacido. Pero se les ha agotado el recurso,

---

3. Hay para el fiel silencio (una) merced segura.

habiéndoseles delatado el secreto; el público me ha descubierto. Grande es, pero impotente, el resquemor de los profesores de Filosofía, pues una vez agotado aquel recurso, único, eficaz, y con éxito aplicado por tanto tiempo, no hay ya ladridos que puedan impedir la eficacia de mi palabra, siendo en vano que digan esto el uno y el otro aquello. Harto han hecho con lograr que se haya ido a la tumba la generación contemporánea de mi filosofía, sin enterarse de ésta. No era, sin embargo, más que una dilación; el tiempo ha cumplido, como siempre, su palabra.

Dos son las razones porque han odiado tanto mi filosofía los señores «filósofos de oficio», nombre que ellos mismos se dan ingenuamente. Es la primera de estas razones la de que mis obras echan a perder el gusto del público por los tejidos de frases huecas; por la acumulación de palabras sin sentido alguno; por la charla vacía, fatigante y ramplona; por la dogmática cristiana que se introduce disfrazada con el traje de una aburrida metafísica y del filisteísmo más llano, sistematizado a manera de ética con instrucciones para jugar a los naipes, y para el baile; en una palabra, porque quito el gusto por el método fantástico, que ha de evitar de hoy en adelante toda filosofía.

La segunda razón es la de que los señores filósofos de oficio no pueden aprovecharse por completo de mi filosofía, utilizándola en pro del oficio; deploran de todo corazón que mi riqueza no pueda secundar a su pobreza. No cabe que halle jamás gracia alguna a sus ojos, ni aunque contuviese los mayores tesoros de la humana sabiduría. Sólo les conviene cualquier teología especulativa, con su psicología racional; éste, y nada más que éste, es el aire vital de esos señores, la *conditio sine qua non* de su existencia. Lo que por encima de todo lo celestial y terreno apetecen son sus empleos, y lo que éstos sobre todo exigen es teología especulativa y psicología racional: *extra haec non datur salus*. Tiene que haber teología, venga de donde viniere; hay que dar la razón a Moisés y a los profetas; tal es la suprema máxima de la filosofía, y para lograrlo, psicología racional. Y lo cierto es que semejante cosa no se saca, ni de Kant, ni de mí. Quebrantados con su crítica de toda teología especulativa los más sólidos argumentos teológicos, lo mismo que se rompe un vaso tirándolo contra la pared, no quedó en sus manos ni un solo pedazo de psicología racional. Y en mí, que soy intrépido continuador de su filosofía, para nada entran ni una ni otra, como es consiguiente y es lo leal; pues como quiera que en la filosofía no hay revelación alguna, un filósofo debe ser ante todo incrédulo. La tarea de la filosofía de cátedra, por el contrario, redúcese en el fondo a exponer las verdades fundamentales del catecismo a través de una oscuridad de fórmulas y de frases abstractas, abstrusas y difíciles y enormemente aburridas, por lo tanto. Y de aquí el que vean en esto el fondo de la cuestión, por muy enrevesadas, extrañas y singulares que las fórmulas aparezcan a primera vista. El comenzar así puede tener su utilidad, aunque yo no la vea. Sólo sé que con tal proceder no se adelanta ni una pulgada en la filosofía, es decir, en la investigación de la verdad, de la verdad por excelencia, esto es, de las cuestiones altísimas e importantísimas que más en lo vivo tocan al hombre. Lo que con tal proceder se logra es cerrar el camino a la investigación, por lo cual ha ya largo tiempo que descubrí en la filosofía universitaria lo contrario de la real y efectiva.

Ahora bien; si en circunstancias tales llega a presentarse una filosofía seria y noble, que sin querer pasar por la verdad misma, a la verdad se dirija, ¿no es natural que los filósofos de oficio se pongan del humor de que se pondrían los caballeros de teatro, armados con armaduras de cartón, si se presentase de repente entre ellos uno armado de verdad y bajo cuyos pasos temblaran las tablas de la escena? Filosofía semejante tiene que ser falsa y mala, obligando a los señores del oficio a representar el triste papel de quien, para poder aparentar lo que no es, no puede tomar a los demás por lo que son. De aquí proviene la divertida comedia de que disfrutamos; pues los señores, viendo con pena que la ignorancia se acaba, empiezan al cabo de cuarenta años a medirme con su vara chica y a juzgarme desde las alturas de su sabiduría como personas perfectamente competentes a causa del cargo que desempeñan. Son de lo más divertido que cabe cuando adoptan respecto a mí aire de personas importantes.

No odian a Kant menos que a mí, aun cuando más en silencio; y si le odian es precisamente porque socavó en sus profundos fundamentos, arruinándola en definitiva para todos los que en serio piensen, a la teología especulativa, y a la psicología racional con ella, al comedero de esos caballeros. ¡No han de odiarle! ¡No han de odiarle, a él, que les dificultó tanto el oficio de filósofos, que apenas comprenden ya cómo han de desempeñarlo con honra! Por esto somos malos Kant y yo, y nos corrigen los señores esos. Durante cerca de cuarenta años ni una mirada se han dignado dirigirme, y en cuanto a Kant, míranle ya compasivamente desde la altura de su saber, sonriendo por sus errores. Y así es como sin cuidado alguno pueden escribir tomos tras tomos acerca de Dios y del alma como de personas conocidas y para ellos muy familiares, y explicarse doctamente acerca de las relaciones de aquél con el mundo y del alma con el cuerpo, como si no existiera en el mundo crítica alguna de la razón pura. ¡Póngasele a buen recaudo y todo marchará a pedir de boca! Y a tal fin, años ha ya que procuran ir dando de mano a Kant, poco a poco y con finura, anticuarle, arrugar ante él el gesto, en lo que se adiestran animados los unos por los otros. Da el uno la razón al otro y el público sencillo se cree que la tienen en realidad. No tienen que temer que surja contradicción alguna de entre ellos mismos; persiguen el mismo fin, igual misión cumplen, formando una numerosa cofradía, cuyos ingeniosos miembros se ocupan *coram populo* en hacerse toda clase de reverencias.

Y se ha llegado poco a poco hasta el punto de que los más insignificantes autores de compendios vayan en su soberbia tan lejos, que traten de errores, ya anticuados, los grandes e inmortales descubrimientos de Kant, despachándose con ellos a su gusto con la más ridícula *suffisance* y las más descaradas sentencias que nos las presentan en tono de argumentación, y todo ello en la confianza de que tienen delante un público crédulo, desconocedor del asunto. Y esto le ocurre a Kant de parte de escritores cuya total inepcia salta a los ojos en cada página, y hasta en cada línea, puede decirse, de su palabrería huera y retumbante. Si esto continuase, pronto nos ofrecería Kant el espectáculo del león muerto a quien cocea un borrico. Tampoco en Francia faltan camaradas, que animados de la misma ortodoxia, cooperan al resultado. Un señor Barthélemy de Saint-Hilaire, en un discurso que pronunció en abril de 1850, ante la Academia de Ciencias Morales, tuvo la osadía de juzgar a Kant de arriba abajo, hablando de él de la manera más indigna, aunque, por fortuna, ve cualquiera lo que hay por detrás. Bueno será decir, sin embargo, a todos esos señores de Francia y de Alemania, que es la filosofía para algo distinto que hacerle el juego al Papa, y lo que debemos sobre todo darles a entender es que *no creemos que ellos crean,* de donde se sigue por qué clase de gentes les tenemos.

Hay otros de nuestros filósofos de oficio, alemanes, que dirigen por su parte sus esfuerzos a quitarse de encima a Kant, que se les interpone en el camino, y que no contentos con combatir la filosofía de éste, tratan de destruir las bases sobre las que se alza. Mas vense en esto abandonados de los dioses todos y de todo juicio, pues se las han con verdades *a priori,* con verdades tan altas como el mismo entendimiento humano, con verdades que constituyen a este mismo entendimiento y que no cabe contradecirlas sin moverle a él guerra. ¡Tanto es el ánimo de estos señores! Conozco, por desgracia, a tres de ellos*, y me temo que haya más que trabajen en esta obra de zapa, abrigando la increíble pretensión de hacer

---

* Rosenkranz *(Mi reforma de la filosofía de Hegel,* 1852) dice en tono autoritario y grave esto: «He dicho expresamente que no podrían existir ni el espacio ni el tiempo, si no existiere la materia. El éter dilatado es el primer espacio efectivo y el tiempo real lo constituye por

surgir el espacio *a posteriori,* como una consecuencia, como una mera relación de los objetos, puesto que afirman que el espacio y el tiempo son de origen empírico y dependen de los cuerpos, de modo que el espacio nace de nuestra percepción, de la contigüidad de los cuerpos, y de la percepción de la sucesión de sus cambios, el tiempo. *(¡Sancta simplicitas!* ¡Como si pudieran tener sentido alguno para nosotros las palabras contigüidad y sucesión sin las instituciones precedentes del espacio y del tiempo, intuiciones que forman parte de su significación!) Por consiguiente, si no hubiera cuerpos, tampoco habría espacio, y si aquéllos desaparecieran, se disipaba éste, y si se detuvieran los cambios todos, se acababa el tiempo. El tiempo es la condición de la *posibilidad* de ser una cosa antes que otra, de tal modo, que sin él, ni se verificaría esto, ni lo entenderíamos, ni podríamos expresarlo con palabras. Y de igual manera la condición de la *posibilidad* de ser una cosa junto a otra es el espacio, siendo la estética trascendental la mostración de que estas condiciones están en nuestra misma constitución mental.

Todo eso se hace en serio a los cincuenta años de la muerte de Kant. El fin que se persigue es la ruina de la filosofía kantiana, que habría caído ya al primer golpe si fuesen ciertas las máximas de esos señores. Mas son, por fortuna, de esas afirmaciones a las que no se contesta

---

primera vez el movimiento mismo, y en su consecuencia, el devenir real de todo lo singular y separado».

Naack. *La teología como filosofía de la religión,* 1853.

Reichlin-Meldegg, dos críticas del *Espíritu de la Naturaleza,* de Oersted, en los *Anales de Heidelberg,* de noviembre y diciembre de 1850 y mayo y julio de 1854. *(N. del A.)*

contradiciéndolas, sino con desdeñosa risa; afirmaciones en que no se trata de una herejía contra la filosofía kantiana, sino contra el sano sentido común. No se pelea aquí contra un dogma filosófico precisamente, sino contra una verdad *a priori,* que forma, en cuanto tal, al entendimiento humano, verdad que quien tenga seso la ve al punto tan clara como que dos por dos hacen cuatro. Tráiganme un aldeano que acabe de dejar el arado, y al momento dirá que si desapareciesen las cosas todas del cielo y de la tierra quedaría aún el espacio, y que si todos los cambios cesasen, continuaría aún el tiempo. ¡Cuán digno de atención es, enfrente de estos filosofastros alemanes, el físico francés Pouillet, que sin cuidarse de metafísica, en su conocidísimo *Manual de Física* de texto para la enseñanza pública en Francia, no deja de insertar, en el primer capítulo ya, dos extensos párrafos, uno acerca del espacio y acerca del tiempo otro, exponiendo que si se aniquilara la materia quedaría el espacio, siendo éste infinito, y que si cesaran todos los cambios seguiría sin fin el tiempo! Y no invoca aquí, como en el resto de su obra, la experiencia, por ser imposible, habla con certeza apodíctica. A él, que como físico posee una ciencia inmanente, es decir, limitada a la realidad empírica, no se le ocurre preguntarse de dónde sabe todo eso. A quien se le ha ocurrido preguntarse esto es a Kant, y precisamente este problema, que revistió de la forma estricta de la cuestión acerca de la posibilidad de juicios sintéticos *a priori,* fue el arranque y el cimiento de sus inmortales descubrimientos, de la filosofía trascendental, que al responder a esa y a otras cuestiones parecidas nos muestra cómo se refieren a la realidad empírica.

Setenta años después de haberse publicado la *Crítica de la razón pura,* cuando está lleno el mundo de su fama, atrévense los señores esos a presentarnos absurdos tales y tan groseros, ha ya tiempo deshechos, y a volver a antiguas tosquedades. Si volviendo Kant acá viese tal desorden, entraríanle ganas, como a Moisés al bajarse del Sinaí y encontrar a su pueblo danzando en derredor del becerro de oro, de hacer trizas las tablas de la ley, lleno de indignación. Y si le diera así, por lo trágico, consolaríale yo con aquellas palabras de Jesús de Sirac: «El que habla con un necio es como si hablase con un durmiente; cuando ha pasado dice: ¿Qué es eso?». Para esos señores la estética trascendental, ese diamante de la corona de Kant, no ha existido; déjanlo de lado, como *non avenue.* ¿Para qué creen que haya de producir la Naturaleza su más preciosa obra, un gran espíritu, único entre millones, si se ha de atener luego éste a la voluntad de sus señorías, y han de anularse sus más importantes doctrinas con sólo contradecirlas o han de esparcirse al viento sin más ni más y seguir luego todo como si nada hubiese ocurrido?

Semejante estado de salvajismo y rudeza en la filosofía, merced al cual cualquiera se entera en un día de cosas que han ocupado a los más grandes cerebros, es consecuencia del hecho de que con ayuda de los profesores de Filosofía haya conseguido el osado sofista Hegel lanzar al mercado los más monstruosos artículos durante treinta años, pasando en Alemania por el más grande de los filósofos todos... Imagínese cada cual que puede regalarse con lo primero que se le pase por su cabeza de chorlito.

En lo que sobre todo han pensado los señores de la «industria filosófica» es en borrar la filosofía de Kant para poder volver a meterse en el enfangado canal del viejo dogmatismo y chacharear a la ligera sobre las materias favoritas que les son conocidas, como si nada hubiese sucedido ni hubiera existido en el mundo un Kant y una filosofía crítica. Y de aquí arranca lo que desde hace algunos años ya se está viendo: una afectada veneración hacia Leibniz, al cual comparan con Kant, si es que no le ponen por encima, puesto que no se contentan con menos que con llamarle el más grande de los filósofos alemanes. Y la verdad es que si se le coteja con Kant, no pasa Leibniz de ser una miserable lucecilla. Es Kant un gran espíritu, a quien debe la Humanidad inolvidables verdades, siendo uno de sus méritos el de haber redimido al mundo para siempre de Leibniz y de sus monsergas, de la armonía preestablecida, de las mónadas y de la identidad de lo indiscernible. Kant es quien ha llevado la seriedad a la filosofía, y a él me atengo. Se comprende, por lo demás, que piensen de otra manera los señores esos, porque Leibniz les ofrece una mónada central y una teodicea en que apoyarse, cosas muy a propósito para los de la industria filosófica, puesto que con ello puede muy bien alimentarse uno y encontrarse muy a su gusto. Con la «crítica de toda teología especulativa» pónenseles, por el contrario, los pelos de punta; siendo, por lo tanto, Kant un chiflado a quien hay que dejarle. ¡Viva Leibniz! ¡Viva la industria filosófica! ¡Viva la filosofía de rueca! Esos señores creen, en efecto, que pueden, a la medida de sus ruines intenciones, oscurecer lo bueno, rebajar lo grande y acreditar lo falso. Por una temporada, sí; pero no por largo tiempo, ni tampoco impunemente. Por fin he llegado yo, a pesar de sus maquinaciones y de su ignorancia de cuarenta años, mientras iba aprendiendo todo lo que encierra este dicho de Chamfort: examinando la liga de los tontos contra las gentes de ingenio, créese ver una conjuración de los criados para deshacerse de los amos.

A quien no se le quiere, se le trata poco. Y de aquí, como consecuencia de la aversión que hacia Kant sienten, un increíble desconocimiento de sus doctrinas, desconocimiento de que he obtenido pruebas tales, que apenas daba fe a mis ojos. No voy a presentar más que dos ejemplos de ello. En la página 444 de la *Antropología y Psicología* del profesor Michelet[4] se cita el imperativo categórico de Kant con estas palabras: «debes, luego puedes» *(du sollst, denn du kannst).* Y no es una errata, porque se repite en la página 38 de su *Historia del desarrollo de la filosofía alemana contemporánea,* obra publicada tres años después de la primera. Y así resulta que aparte de que parece haber aprendido la filosofía kantiana de los epigramas de Schiller, se ha empeñado en expresar lo contrario del famoso argumento kantiano, sin que sospeche siquiera que Kant ha querido expresar con aquel postulado la libertad como base del imperativo categórico. Otro ejemplo: El crítico, ya citado, del libro de Oersted, detiénese ante la proposición de que «los cuerpos son espacios llenos de fuerza»; proposición que, tomándola por nueva y sin la menor sospecha de que es una fa-

---

4. Michelet, Karl Ludwig (1801-1893), discípulo adicto de Hegel, editó sus *Lecciones de Historia de la Filosofía,* a más de numerosas monografías filosóficas propias.

mosa doctrina kantiana, la reputa como propia de Oersted, discutiéndola en sus dos críticas, desarrolladas en el espacio de tres años, y discutiéndola con argumentos tales, como el de decir que «la fuerza no puede llenar espacio, sin un soporte, sin materia». Tres años más tarde dice que «la fuerza en el espacio no constituye cosa alguna; que es preciso que haya materia para que la fuerza llene espacio. Esta ocupación –añade– es imposible sin materia; una fuerza jamás lo llenaría; tiene que haber una materia para que lo llene». ¡Bravo! No argumentaría de otro modo un zapatero. Al ver semejantes *specimina eruditionis* ocúrreseme una duda, y es de si no ha sido acaso injusto con este hombre al citarle entre los que se proponían zapar a Kant. Al hacerlo, no tuve presente más sino que dice que «el espacio no es más que la relación de contigüidad de las cosas», y más adelante que «el espacio es una relación, bajo la que están las cosas; una coexistencia de éstas, y que esta coexistencia deja de ser un concepto si se suprime el de la materia». La verdad es que pudo firmar todo esto con la mayor inocencia, porque le era tan extraña la estética trascendental, como los «Principios metafísicos de las Ciencias Naturales». De otra manera, sería un poco duro para todo un señor profesor de filosofía. Pero hoy en día hay que estar preparado a todo, puesto que se ha acabado el conocimiento de la filosofía crítica, a pesar de ser la última efectiva, y una doctrina que ha provocado toda una revolución, marcando época en el pensamiento filosófico y en el saber y pensar humanos en general. Ha derribado, en efecto, a todos los sistemas anteriores; de donde resulta que, muerto el conocimiento de tal doctrina, no es ya el filosofar algo que se base en enseñanzas de espíritus privilegiados, sino un puro *naturalizar,* al día, sobre la base de la cultura vulgar y del catecismo. Mas tal vez vuelvan los profesores a preferir las obras kantianas, una vez advertidos por mí. Ya lo dice Lichtenberg: creo que a cierta edad no es más fácil aprender la filosofía kantiana, que bailar en la cuerda floja.

La verdad es que no está del todo bien que me deje llevar así a señalar los pecados de esos pecadores; pero he tenido que hacerlo porque me hallo obligado, en el interés de la verdad sobre la tierra, a denunciar el estado de postración en que se halla la filosofía alemana a los cincuenta años de la muerte de Kant, postración debida a la conducta de los señores del oficio filosófico, y a indicar a la vez adónde llegaríamos si lograsen estorbar la influencia de los grandes genios que alumbran al mundo estos espíritus pequeños, que nada, fuera de sus propósitos, conocen. Por esto es por lo que no puedo callar, sino que me hallo en un caso a que cabe aplicar aquellos versos de Goethe: «No te estés quieto, tú que eres robusto, aunque otros se acoquinen; el que quiera amedrentar al diablo tiene que gritar mucho». De esta opinión era también el doctor Lutero.

Odio a Kant, odio a mí, odio a la verdad, si bien todo ello *in majorem Dei gloriam;* he aquí lo que anima a esos pensionarios de la filosofía. ¿Quién no ve que la filosofía universitaria es la antagonista de aquella otra que se concibe en serio, estando obligada aquélla a detener los progresos de ésta? La filosofía digna de este nombre es el puro culto a la verdad, el anhelo más alto del género humano, anhelo que no encaja con oficio alguno. Donde menos puede hallar asiento es en las universidades, puesto que aquí, donde ocupa el primer puesto la facultad de Teología, todo está ya echado a perder antes de que aquélla llegue. Otra cosa sucedía con la escolástica, que es de donde arranca la filosofía universitaria. Era la *ancilla theologiae,* la criada de la Teología, confesándose tal, y así concordaban la palabra y la cosa. La actual filosofía universitaria, por el contrario, niega serlo, pretendiendo independencia de investigación; mas, a pesar de ello, no es más que *ancilla* disfrazada, y dispuesta, no menos que aquella otra, a servir a la Teología. Y de aquí que la Filosofía, pensada en serio y a derechas, tenga en la universitaria una pretendida auxiliar, mas en realidad una antagonista. Por lo cual ya tengo dicho tiempo hace que nada sería más de desear para la Filosofía como el que dejase de ser ciencia universitaria, y si llegué a conceder entonces el que se pudiese dar un sucinto curso de historia de la filosofía, junto al de lógica, que sin duda pertenece a la Universidad, concesión es ésta precipitada y de que me retracto a causa de la manifestación que, en el programa de Gotinga del 1.º de enero de 1853, nos hace el *ordinarius leci.* Dice que «no cabe desconocer que la doctrina de Kant, respecto al teísmo ordinario, no ha contribuido ni poco ni mucho a la transformación de las opiniones corrientes respecto a Dios y a su relación con el mundo». Si esto sigue así, paréceme que ni aun para la historia de la filosofía son lugares apropiados las universidades. Domina en ellas, sin limitación alguna, el prejuicio. Ha ya tiempo que sospechaba que se profesaba la historia de la filosofía en las universidades con el mismo espíritu y el mismo *grano salis* que la filosofía misma; no faltaba más que un impulso para que la idea brotase. Por esto deseo ver que desaparezca del catálogo de las asignaturas la filosofía con su historia toda, ya que quiero verla a salvo de las manos de los consejeros áulicos. Mas no por esto abrigo el propósito que se priven las universidades de la actividad de los profesores de Filosofía. Gustaríame, por el contrario, que se les elevase tres grados más en honores, elevándoles a la más encumbrada facultad, nombrándoles profesores de Teología, ya que de hecho hace tiempo que lo son, sirviendo de meritorios.

Tengo, entre tanto, que dar un consejo a los jóvenes, un consejo leal y mediato, y es que no pierdan el tiempo en la filosofía de cátedra, sino que, en vez de ello, estudien las obras de Kant, y aun las mías. En ellas hallarán algo sólido que aprender, se lo prometo, y harán, a la vez, luz y orden en sus cabezas, en cuanto sean capaces de recibirlos. No se deben buscar bujías cuando se tienen al alcance de la mano radiantes hachones, y mucho menos conviene correr tras de fuegos fatuos. Y, sobre todo, jóvenes sedientos de verdad, no permitáis que sean los consejeros de corte quienes os cuenten lo que hay en la *Crítica de la razón pura;* leedla vosotros mismos. En ella hallaréis cosas muy distintas de las que no se os enseñan.

Gástase hoy en día, por lo general, demasiado estudio en la historia de la filosofía, por ser ésta, en virtud de su naturaleza misma, a propósito para que el saber ocupe el lugar del pensar, y cultívasela precisamente con el propósito de hacer consistir la filosofía en su historia.

No es, empero, no ya necesario, mas ni aun siquiera muy provechoso, el adquirir un conocimiento superficial y a medias de las opiniones de los filósofos todos desde hace tres siglos y medio, y no ofrece más, en realidad, la historia de la filosofía. A los filósofos se aprende a conocerlos en sus obras y no por trasuntos y retazos de sus doctrinas, tal cual se representan en una cabeza vulgar. «Más bien debemos juzgar de las cosas mismas, que tener en mucho el saber lo que los hombres pensaron» –dice San Agustín *(De civ. Dei,* lib. 19, cap. 3)[5]. Pero lo que sí es necesario es poner orden en la mente, merced a alguna filosofía, y aprender, a la par, a ver el mundo sin preocupación alguna. Y el hecho es que, dada la época y el lenguaje, ninguna filosofía tenemos más cerca que la kantiana, siendo a la vez una filosofía en comparación con la cual son superficiales las demás. Debe preferírsela, por lo tanto.

Y ahora caigo en la cuenta de que la nota acerca de Gaspar Hauser se ha extendido a los profesores de Filosofía; pues veo que algunos se han aliviado del peso que les oprimía el corazón, lanzando sobre mí invectivas llenas de hiel y veneno en toda clase de revistas, y supliendo en ellas con mentiras lo que en ingenio les falta. No voy, sin embargo, a preocuparme de ello, porque me divierte la causa y me distrae el efecto, según lo que dicen aquellos versos de Goethe: «El perro quisiera acompañarnos desde el establo; el eco de sus ladridos nos prueba que cabalgamos».

---

5. El texto original latino reza así: *Potius de rebus ipsis iudicare debemus, quam pro magno habere, de hominibus quid quisque senserit scire.*

Introducción

Rompo un silencio de siete años[6] para presentar a los pocos que, anticipándose a su tiempo, han prestado atención a mi filosofía, algunas confirmaciones que ha recibido ésta de empíricos despreocupados, desconocedores de ella, que, siguiendo la vía de sus investigaciones de pura experiencia, han venido a parar a aquello mismo que había establecido mi filosofía como metafísico, que es lo que ha de explicarnos en general la experiencia. Anímame esta circunstancia, tanto más, cuanto que distingue a mi sistema de todos los precedentes, pues todos ellos, sin exceptuar ni aun el mismo Kant, presentan un gran abismo entre sus resultados y la experiencia, faltándoles mucho para descender a ésta y ponerse en contacto con ella.

6. En 1830 había aparecido una versión latina de *Sobre la visión y los colores,* obra del propio Schopenhauer, en el tercer volumen de los *Scriptores ophthalmologici minores.*

Preséntase, por lo tanto, mi metafísica como la única que tiene punto de contacto con las ciencias físicas, punto a que concurren éstas con sus propios medios, de tal manera, que en realidad la incluyen, concordando con ella. No es que las ciencias empíricas se violenten y tuerzan según la metafísica, ni que se deduzca ésta por abstracción, presuponiendo a aquéllas a la manera que Schelling lo hace, descubriendo *a priori* lo que *a posteriori* ha aprendido; no es eso, sino que por sí mismas, sin previo acuerdo, coinciden en un punto. Y de aquí resulta que no se queda mi sistema, como todos los precedentes, flotando en el aire, por encima de toda realidad y de toda experiencia, sino que se asienta en el firme suelo de la efectividad, que es el de las ciencias físicas.

Las confirmaciones extrañas y empíricas que aquí han de citarse, refiérense en su totalidad al meollo y punto capital de mi doctrina, a la metafísica propiamente dicha de ella, a aquella verdad fundamental y paradójica de que la *cosa en sí,* que Kant oponía al *fenómeno,* llamado por mí *representación,* de que esa cosa en sí, considerada como inconocible, ese sustrato de todos los fenómenos y de la Naturaleza toda, por lo tanto, no es más que aquello que, siéndonos conocido inmediatamente y muy familiar, hallamos en el interior de nuestro ser propio como *voluntad;* que, por lo tanto, esta *voluntad,* en vez de ser, como hasta aquí han supuesto los filósofos todos, algo inseparable del *conocimiento* y mero resultado de éste, le es fundamentalmente diferente e independiente del todo; independiente de la inteligencia, que es de origen secundario y posterior, pudiendo, por lo tanto, subsistir y manifestarse la voluntad sin la inteligencia, que es lo que sucede real y efectivamente en la Naturaleza entera, desde la animal hacia abajo. Que esta voluntad, que es la única cosa en sí, lo único verdaderamente real, lo único originario y metafísico, en un mundo en que todo lo demás no es más que fenómenos, es decir, mera representación, que esta voluntad, digo, presta a cada cosa, sea la que fuere, la fuerza porque puede existir y obrar, que, por consiguiente, no sólo las acciones arbitrarias de los animales, sino hasta los instintos orgánicos de su cuerpo animado y la forma y constitución misma de ellos, hasta la vegetación de las plantas, y, por último, en el reino inorgánico, la cristalización, y, en general, toda fuerza originaria que se manifieste en fenómenos fisicoquímicos y hasta la gravedad misma que todo esto en sí, y fuera de la representación, es lo mismo que en nosotros hallamos cual *voluntad,* de la que tenemos el conocimiento más inmediato e íntimo que cabe. Enseña, además, mi filosofía, que las manifestaciones aisladas de esta voluntad son puestas en movimiento en los seres conscientes, esto es, en los animales, por motivos, pero que no lo son menos en la vida orgánica del animal y de la planta por excitaciones, y en lo orgánico por simples causas, en el más estricto sentido de esta palabra, diferencias que no se refieren más que al fenómeno, y que es, por el contrario, el conocimiento y su sustrato, la inteligencia, un fenómeno totalmente distinto de la voluntad, meramente secundario, que no acompaña más que a los más altos grados de la objetivación de la voluntad, fenómeno en sí mismo inesencial, dependiente de su manifestación en el organismo animal y, por lo tanto, físico y no metafísico, como el organismo de que depende; que, por consiguiente, no cabe concluir de la ausencia de conocimiento ausencia de voluntad, sino que más bien se señala ésta hasta en las manifestaciones todas de la Naturaleza privada de conocimiento, tanto vegetativa como inorgánica, y que resulta de todo ello que no es la voluntad la condicionada por el conocimiento, como hasta ahora se ha supuesto, sin excepción, sino que es más bien la voluntad la que condiciona al conocimiento.

Y esta verdad fundamental de mi doctrina, verdad que aún hoy suena tan paradójica, es la que ha recibido en sus puntos capitales todas las más sorprendentes confirmaciones, venidas de las ciencias empíricas, ciencias que dejan de lado cuanto pueden a la metafísica, pero que se rinden al poder de la verdad. Y tales confirmaciones hanse presentado a raíz de la publicación de mi obra, es cierto, mas con completa independencia de ella y en el curso de muchos años. Y el que sea el dogma fundamental de mi doctrina el que reciba la confirmación de tales pruebas, es doblemente provechoso; lo es, de una parte, por ser tal dogma el pensamiento capital que condiciona a todas las demás partes de mi filosofía, y lo es, de otra parte, porque sólo a él podían afluir confirmaciones nacidas de ciencias extrañas a la filosofía y del todo independientes de ésta. Pues si bien es cierto que se han aportado numerosas pruebas a las demás partes de mi doctrina, a la ética, a la estética y a la dianeología, pruebas obtenidas en diecisiete años de constante estudio, no son de las que vienen inmediatamente del campo de la realidad al de la filosofía, no pudiendo ostentar, por consiguiente, el carácter de un testimonio extraño, puesto que, recogidas por mí mismo, no son tan irrefutables, indudables y contundentes como aquellas otras que, perteneciendo a la *metafísica* propiamente tal, vienen a ella de su correlativa la *física* (tomando a esta palabra en el amplio sentido en que los antiguos la tomaban). La Física, o sea las Ciencias Naturales en general, siguiendo en sus ramas todas el camino que les es propio, tienen que llegar por fin a un punto en que terminen sus explicaciones, y esto es precisamente lo *metafísico,* lo que se presenta no más que como límite de lo físico, sin poder pasar de éste. Ahí se detiene la física, entregando su objeto a la metafísica. Y de aquí el que haya dicho con razón Kant que «es evidente que las primitivas fuentes de los efectos de la Naturaleza han de ser asunto de la metafísica». Eso, inaccesible a la física y de ella desconocido, eso en que concluyen sus investigaciones, presuponiéndolo, es lo que suele designarse con expresiones tales como fuerza natural, fuerza vital, impulso creador, etc., expresiones que no dicen más que x y z. Y ahora bien; si en casos aislados favorables tienen investigadores perspicaces y atentos de las Ciencias Naturales la fortuna de poder echar a hurtadillas una mirada a través de la cortina que limita su campo de estudio, no sintiendo los límites como meramente tales, sino logrando percibir además, y en cierto modo, su constitución, y vislumbrar, por lo tanto, algo del campo de la metafísica, que se extiende más allá de aquel en que operan, y si la física, así favorecida, designa expresa y llanamente a los límites de tal manera explorados, como aquello que, siéndole del todo desconocido por entonces, ha establecido sus fundamentos, a partir de un sistema metafísico, que arranca de otro campo y los ha establecido como la verdadera esencia íntima y el último principio de los seres todos, fuera del cual no reconoce, por su parte, más que fenómenos, es decir, representaciones, en tal caso, los investigadores de los dos diversos campos han de hallarse en la situación de ánimo de dos mineros que, trabajando en el seno de la tierra en dos galerías, que partiendo de puntos lejanos entre sí, van a encontrarse en uno mismo, después de haber zapado en las tinieblas soterráneas, fiados no más que del nivel y de la brújula, experimentan al cabo el ansiado gozo de oír el uno los martillazos del otro. Porque lo cierto es que tales investigadores no reconocen haber llegado, por fin, al por tanto tiempo buscado en vano punto de encuentro entre la Física y la Metafísica, que, como el cielo y la tierra, jamás quieren juntarse. Al hallar su punto de enlace han iniciado ambas ciencias su reconciliación. Mas, el sistema filosófico que logra este triunfo, recibe con él una comprobación extraña tan fuerte y tan probativa de su verdad y exactitud, que mayor no cabe. Junto a semejante confirmación, que puede pasar por comprobante, apenas tiene importancia alguna la adhesión o no adhesión de una época, y mucho menos si se considera a qué se dirige, entre tanto, dicha adhesión y se ve lo que desde Kant acá ha ocurrido. Empiezan a abrirse ya los ojos del público sobre el juego que, bajo el nombre de filosofía, se lleva en Alemania en estos últimos cuarenta años, y cada vez se le abrirán más; ha llegado el tiempo de rendir cuentas y de verse si con tanto escribir y disputar desde Kant acá, se ha dado a luz verdad alguna. Esto me dispensa de la necesidad de rebajar aquí mi asunto, bastando a mi objeto con que presente una anécdota. Habiéndose metido el Dante en Carnaval en el tropel de las máscaras y ordenando el duque de Médicis que lo buscaran, dudaban los encargados de hacerlo de la posibilidad de dar con él, que también estaba disfrazado, a lo que les indicó el duque una pregunta que habrían de dirigir a todo el que se pareciese en algo al Dante. La pregunta era ésta: «¿Quién conoce el bien?». Después de haber recibido muchas respuestas simples, una máscara dio ésta: «Quien conozca el mal». Y en esto conocieron al Dante (Baltasar Gracián, *El Criticón* III, 9). Otro tanto cabe decir en mi caso, que no he tenido por qué desanimarme por falta de adhesión de mis contemporáneos, ya que sé adónde se dirigen. La posteridad juzgará a cada cual según sus obras, aunque no sabrá quiénes de sus coetáneos han aceptado las mías. Mi doctrina no pretende ser lo que llaman «filosofía de la época presente», nombre que han querido dar a la mixtificación hegeliana sus endiosados adeptos. El nombre a que aspira mi filosofía es al de filosofía del porvenir, de la época que no se satisfaga ya con hueca palabrería, frases vacías y paralelismos de juego, sino que exija a la filosofía contenido real y explicaciones serias, eximiéndola de la absurda e irracional exigencia de que haya de ser una paráfrasis de la religión dominante en el país, «pues es lo más absurdo esperar explicaciones de la razón, prescribiéndola de antemano hacia qué lado haya de caer necesariamente» (Kant, *Crítica de la razón pura*). Cosa triste es tener que vivir en un país tan profundamente decaído, que haya de dar la garantía de la autoridad de un grande hombre a una verdad que se comprende por sí misma. Mas es ridículo cuando se esperan grandes cosas de una filosofía, el ver, ¡espectáculo curioso!, que se empieza a discutir con solemne gravedad, sabiendo de antemano todo el mundo qué es lo que a fin de cuenta ha de decir. Han advertido, sin embargo, los más perspicaces que, bajo el manto de la Filosofía se oculta la Teología, que es la que lleva la voz, adoctrinando a su manera a los discípulos sedientos de verdad, lo que nos recuerda una animada escena del gran poeta. Hay otros, cuya mirada quiere penetrar más todavía, que afirman que lo que se cela bajo aquella capa no es teología más bien que filosofía, sino tan sólo un pobre diablo, que, aparentando buscar con grave rostro y la más honda seriedad altas y encumbradas verdades, no busca, en realidad, nada más que un mendrugo que habría de conseguir por otro camino con menos fatiga y más honra, mientras que a ese precio se halla dispuesto a deducir *a priori*, si preciso fuere, al diablo y a su abuela, y hasta, si no hay más remedio, a intuirlos intelectualmente. En todo lo cual, y merced al contraste de lo elevado del fin propuesto con lo vil de lo efectivo, alcánzase el efecto de lo altamente cómico en grado sumo; no obstante lo cual, sigue siendo de desear que se barra de tales ganapanes el puro y santo suelo de la filosofía, como en un tiempo de mercaderes y cambistas el templo de Jerusalén. Hasta que lleguen tiempos mejores puede el público emplear, como hasta aquí, su atención y su adhesión; puede, como hasta aquí, seguir poniendo en adelante junto a Kant (este gran espíritu que sólo una vez ha logrado la Naturaleza, espíritu que alumbró sus propias honduras) al llamado Fichte, sin que haya una voz que exclame: ¡Hércules y el mono! Siga, como hasta aquí, siendo en adelante la verdad insondablemente profunda la filosofía del absoluto contrasentido de Hegel (en sus tres cuartos lisa y llana, y extravagante en el otro cuarto), sin que se proponga como lema de sus escritos aquellas palabras de Shakespeare: «Materia tal que los locos la expresan, pero no la conciben». Y que use como su emblema una viñeta representando a un calamar que esparce en torno de sí una nube de oscuridad para que no se le vea lo que es, con esta inscripción: *Mea caligine tutus.* Salgan, en fin, a luz como hasta aquí cada día nuevos sistemas, amañados no más que con palabras y frases, para uso de las universidades, juntamente con una culta jerga en que se pueda hablar días enteros sin decir cosa alguna, y que jamás turbe este placer aquella sentencia arábiga que dice: «Oigo el ruido del molino; pero no veo la harina». Todo esto, empero, corresponde a la época, y ha de seguir su curso. En todo período ocurre algo análogo; los coetáneos se ocupan con más o menos ruido en algo que se desvanece luego tan del todo y sin dejar rastro, que ignora la generación siguiente lo que haya ello sido. La verdad, en cambio, puede esperar, porque tiene ante sí larga vida. Lo pensado en serio y lo de buena ley siguen su curso continuo y lento, y alcanzan su fin al cabo, como por milagro. Son al parecer, recibidos fríamente y hasta con despego, por la misma razón por la que más tarde, cuando han sido plenamente reconocidos por la posteridad, dejándose llevar los más de los hombres de la autoridad tan sólo, para no comprometerse, sigue siendo tan pequeño como en un principio el número de los que en realidad lo aprecian debidamente. Mas estos pocos han de ser tenidos en consideración y estima, ya que en consideración y estima tienen ellos a la verdad. Son los que se comunican unos con otros, mano a mano, por sobre las cabezas de los ineptos y a través de los siglos. ¡Tan costosa es la existencia del mejor legado de la Humanidad! Si, por el contrario, tuviera la verdad, para ser verdadera, que pedir permiso a aquellos que ponen en su corazón muy otras cosas, cabría desesperar de su causa, pudiéndose dirigir, a modo de saludo, aquellas palabras de las brujas: «Lo hermoso es feo, y lo feo hermoso». Pero por fortuna no es así; no depende del favor o disfavor, ni tiene que pedir a nadie venia; sostiénese sobre sus propios pies, el tiempo es su aliado, incontrastable su fuerza, imperturbable su vida.

1. Fisiología y patología

Antes de clasificar las precitadas confirmaciones empíricas que mi doctrina ha recibido, según las ciencias de donde proceden, siguiendo como hilo de mis explicaciones la marcha de la Naturaleza de arriba abajo, tengo que hablar de una muy sorprendente confirmación que ha recibido en estos últimos años mi dogma fundamental, merced a las opiniones fisiológicas y patológicas de uno de los veteranos de la medicina, del médico danés J. D. Brandis[7], cuyo *Ensayo acerca de la fuerza vital* (1795) recibió Reis con grande aplauso. En sus dos escritos más recientes, *Experiencias acerca de la aplicación del frío en las enfermedades,* Berlín, 1833, y *Nosología y Terapéutica de la caquexia,* 1834, vémosle establecer, del modo más expreso y hasta sorprendente, como fuente de todas las

---

7. Brandis, Joachim Dietrich (1762-1842), fue médico del rey de Dinamarca.

funciones vitales a una *voluntad consciente,* de donde derivan en el organismo los procesos todos, lo mismo en el estado de enfermedad que en el de salud, presentándonosla como el *primum mobile* de la vida. Voy a citar esto con sus mismas palabras, ya que sus escritos no han de hallarse más que en manos de médicos, a lo sumo.

En el primero de los citados escritos, página 8, dice así: «La esencia de todo organismo vivo consiste en que quiere mantener, en lo posible, su propio ser frente al macrocosmo». En la pág. 10: «En un órgano no puede radicar al mismo tiempo más que un solo ser, una sola voluntad; si es una *voluntad* enferma, existente en el órgano cutáneo, y que no armonice con la unidad, puede el frío oprimirla el tiempo necesario para que quepa provocar producción de calor, una *voluntad* normal».

En la pág. 1: «Si hemos de persuadirnos de que cada acto de la vida tiene que hallar una *voluntad,* esto es, un *determinante* que provoca la formación regular del organismo todo condicionando la variación de forma de cada parte de acuerdo con la individualidad toda», etc. En la pág. 11: «Respecto a la vida individual, para que quede satisfecha la *voluntad* orgánica, que es el determinante, tiene que satisfacerse lo determinado. Sucede esto hasta en los más elevados procesos vitales; en la inflamación se forma algo nuevo, expeliéndose lo dañoso y hasta tanto acude por las arterias más elemento formador y se retira más sangre venosa, hasta que se cumple el proceso inflamatorio, quedando la *voluntad* orgánica satisfecha. Cabe, empero, excitar a esta *voluntad* de manera que no se satisfaga. Esta causa excitadora (irritación) obra, o inmediatamente sobre el órgano aislado (como en el veneno, contagio, etc.), o afecta a la vida toda haciendo ésta los mayores esfuerzos para expulsar lo dañoso o para concordar con la *voluntad* orgánica, provocando en partes aisladas actividades vitales críticas, inflamaciones, o sea satisfaciendo a la *voluntad* descontenta». En la pág. 12: «La *voluntad* anómala, a que no cabe satisfacer, obra de este modo sobre el organismo, perturbándolo siempre que no suceda una de estas dos cosas: *a)* que la vida que tiende a la unidad (tendencia a la finalidad) produzca otras actividades vitales que satisfacer *(crises et lyses),* actividades que oprimen a aquella *voluntad* y que si la rectifican por completo se llaman crisis completas e incompletas cuando no hacen más que desviarla en partes, o: *b)* que otra excitación (medicina) evoca a otra *voluntad,* que oprime a la enferma. Si ponemos a esta *voluntad* en la misma categoría de aquella otra de que tenemos conciencia por ideas y tenemos en cuenta que no se trata aquí de comparaciones próximas o remotas, llegaremos a la convicción de haber obtenido el concepto fundamental de una sola vida, como ilimitada que es, indivisible, vida que puede hacer crecer en el cuerpo humano el pelo y a la vez las más sublimes combinaciones de ideas, según que se manifieste en órganos diversos más o menos dotados y ejercitados. Vemos que el más vivo afecto, el de la *voluntad* descontenta, cabe sofocarlo por una excitación más o menos fuerte», etc. En la pág. 18: «La temperatura exterior es ocasión de que lo determinante, esa tendencia a mantener cual unidad el organismo, esa *voluntad orgánica sin idea,* modifique su actividad, ya en el mismo órgano, ya en otro lejano. Toda manifestación de vida lo es de la *voluntad* orgánica, tanto enferma como sana; esta *voluntad es la que determina la vida vegetativa*. Lo hace en el estado de salud, de acuerdo con la unidad del todo, y en el de enfermedad vese movida a *querer*, en desacuerdo con la unidad...». En la pág. 23: «Una repentina exposición de la piel al frío suprime la función de aquélla (enfriamiento); una bebida fría se la suprime a la *voluntad orgánica* de los órganos digestivos, aumentando por lo tanto la de la piel y produciendo transpiración, y lo mismo sucede con la *voluntad orgánica* enferma; el frío suprime las erupciones cutáneas», etc. En la pág. 33: «La fiebre es la participación del organismo vital entero en una *voluntad* enferma, siendo, por lo tanto, en el conjunto del proceso vital lo que es la inflamación en cada órgano; el esfuerzo de la vida por formar algo determinado que satisfaga a la *voluntad* enferma alejando lo perjudicial. Una vez formado esto, llámasele crisis o lisis. La primera percepción de lo dañoso, que es lo que motiva a la *voluntad* enferma, obra de igual modo sobre la individualidad, de la misma manera que obra percibido por los sentidos aun antes de que nos demos cuenta de la relación que con nuestra individualidad guarda y del medio de alejárnoslo. Provoca al temor con sus consecuencias, suspensión del proceso vital en el parénquima y en las partes del mismo dirigidas al mundo exterior, en la piel y en los músculos que mueven al individuo todo; temblor frío, dolor en los miembros, etc. La diferencia entre uno y otro caso estriba en que en el último se llega de pronto o poco a poco a idea clara de lo dañoso, porque comparado por los sentidos todos con la individualidad y determinada su relación a ella y el medio de asegurarla (no hacer caso, huir, cortar) puede llevarse a cabo el acuerdo por una *voluntad consciente,* mientras que en el primer caso, por el contrario, no se llega a conciencia de lo dañoso, siendo sólo la vida (en este caso la virtud curativa de la Naturaleza) la que hace esfuerzos por apartar lo dañoso satisfaciendo así a la *voluntad* enferma. Y no cabe considerar esto como una metáfora, sino que es la verdadera explicación de cómo se manifiesta la vida». En la pág. 58: «Téngase, empero, siempre presente que obra aquí el frío como un vivo medio excitante, para suprimir o moderar la *voluntad* enferma, despertando, en su lugar, una *voluntad* natural de la generación del calor».

Análogas expresiones hallamos en casi todas las páginas del libro. En el segundo de los precitados escritos del Sr. Brandis, no mezcla tanto con cada una de sus explicaciones la sacada de la voluntad, fundándose, al parecer, en que es ésta una explicación propiamente metafísica; pero se mantiene, sin embargo, en ella, y donde la establece lo hace de la manera más precisa y clara. Así es, que en los párrafos 68 y siguientes habla de una *voluntad inconsciente,* que no cabe separar de la consciente, y que es el *primum mobile* de toda la vida, así de la de las plantas como de la de los animales, por ser aquella en que lo determinante de todo proceso vital, secreciones, es un deseo o repugnancia que se manifiesta en todos los órganos. En el párrafo 71: «Todas las convulsiones prueban que puede manifestarse la voluntad sin clara inteligencia». En el párrafo 72: «Por donde quiera venimos a parar a una actividad originaria, no participada, que determinada, ya por la más alta libre voluntad humana, ya por deseo y repulsión animales, ya por simples necesidades vegetativas, despierta en la unidad del individuo muchas actividades a fin de manifestarse». En la pág. 96: «Manifiéstase en cada fenómeno vital un hacer, una actividad originaria, no participada...». «El tercer factor de este hacer individual es *la voluntad, la vida misma del individuo...*» «Los nervios son guías de este hacer individual; mediante ellos se alteran forma y composición, según el apetito o la ocasión.» En la pág. 97: «La asimilación que de materia extraña... hace la sangre... no es absorción alguna ni transfusión de la materia orgánica..., sino que es, donde quiera, un factor del fenómeno la *voluntad creadora*».

Cuando escribí yo esto en 1835, era bastante ingenuo como para creer en serio que el señor Brandis no conocía mi obra, pues en otro caso no habría citado aquí sus escritos, que en tal caso no ofrecían confirmación alguna, sino tan sólo una repetición, aplicación y referencia de mi doctrina sobre este punto. Creía poder suponer con certeza que no me conocía, porque ni una sola vez me menciona, y si me hubiese leído, la lealtad le habría llevado a no callar el nombre del escritor de quien había tomado sus pensamientos fundamentales, tanto más cuanto que por el general desconocimiento de su obra se vio víctima de inmerecido abandono, que hubiera podido explicarse favorablemente cual un engaño. De aquí que interesara al mismo señor Brandis el acogerse a mi nombre; era cuestión de prudencia. Porque es, en efecto, tan sorprendente y paradójica la doctrina fundamental por él establecida, que hasta su crítico de Gotinga se admira de ella, sin saber qué decir a su respecto. Es, además, una doctrina que ni ha fundamentado el Sr. Brandis por pruebas o inducciones, ni la ha basado en su relación al total de nuestro saber de la Naturaleza, sino que se ha limitado a afirmarla. Figurábame yo, por lo tanto, que la habría alcanzado merced a aquel peculiar don adivinatorio, que enseña a distinguidos médicos a conocer y comprender la verdad de lo que pasa a la cabecera del enfermo, sin que pudiera darse estricta y metódica cuenta de los fundamentos de la verdad propiamente metafísica por él afirmada, aunque vería bien claro cuán opuesta es a las opiniones corrientes. Si conociera mi filosofía, me decía yo, la filosofía que establece esa misma verdad en comprensión mucho más amplia, extendiéndola a la Naturaleza toda, que la basa en pruebas e inducciones, en conexión con la doctrina kantiana de cuyo pensamiento brota; si conociera mi filosofía, ¡qué bien no le habría venido el invocarla y poder apoyarse en ella, para no quedarse nada más que con una inaudita afirmación, que no pasa en él de tal! Tales eran las razones que me hacían creer entonces que el Sr. Brandis no conocía mi obra.

Pero de entonces acá he aprendido a conocer mejor a los hombres de ciencia alemanes y a los académicos de Copenhague, a que pertenecía el Sr. Brandis, llegando a la convicción de que me conocía muy bien este señor. Di la razón de ello en 1844, en el segundo tomo de *El mundo como voluntad y representación,* cap. 20; y como quiera que es el asunto inagotable, no quiero aquí repetir tal razón, contentándome con añadir que posteriormente he recibido de buena fuente la seguridad de que el Sr. Brandis había leído y poseído mi obra capital, puesto que se halló entre los libros que al morir dejara. La inmerecida oscuridad que un escritor como yo ha tenido que sufrir durante tanto tiempo, animaba a semejantes personas a apropiarse mis pensamientos capitales, sin citarme.

Aún hay más, y es que, lo mismo que el señor Brandis, se ha conducido conmigo otro médico, no contentándose ya, como aquél, con tomarme las ideas, sino llegando a copiar mis palabras. Es este señor Antonio Rosas, profesor de la Universidad de Viena, el cual, en el primer tomo de su *Manual de Oftalmia,* de 1830, ha transcrito al pie de la letra de mi tratado *Acerca de la visión y los colores,* de 1816, las páginas 14 a 16, todo el párrafo 507, sin citarme, ni aun dar a entender siquiera que es otro, y no él, quien habla. Así se explica suficientemente el porqué se guarda muy bien de citar mi tratado en sus referencias de veintiún escritos acerca de los colores, y de cuarenta acerca de la fisiología de la visión, referencias que da en los párrafos 542 y 567. Conveníale hacer esto por cuanto se ha apropiado aún mucho más de mi trabajo, sin mencionarme. Así, verbigracia, en el párrafo 526 hay un «se afirma» que no se refiere más que a mí. Todo su párrafo 527 está transcrito de las páginas 59 y 60 de mi tratado, si bien no al pie de la letra. Lo que cita en el párrafo 535 como cosa «manifiesta», sin añadir más, es, a saber, que el amarillo es tres cuartos y el violeta un cuarto de la actividad visual, y es cosa que no ha sido jamás «manifiesta» para hombre alguno hasta que lo he puesto de «manifiesto» yo, y aun hoy en día sigue siendo una verdad conocida de pocos, y de menos todavía confesada. El llamarla «manifiesta» obedece, entre otras razones, al empeño de enterrarme, y, mientras tanto, se difiere la comprobación seria del punto en cuestión, porque al hacerlo se pondría realmente de *manifiesto* que la diferencia propia que hay entre la teoría newtoniana de los colores y la mía consiste en que aquélla es falsa y verdadera ésta, lo cual no puede menos que mortificar a mis contemporáneos. Por esto es por lo que, obrando cuerdamente y según añeja costumbre, se difiere aun por años la comprobación del punto. El señor Rosas no ha conocido esta política, sino que, al igual del académico copenhaguense Brandis, se ha creído que, por no hablar nunca del asunto, podía explicarlo de *bonne prise.* Como se ve, allá se van una con otra la lealtad germánica septentrional y la meridional. Además de esto, el contenido todo de los párrafos 538, 539 y 540 del libro del Sr. Rosas están tomados por completo de mi párrafo 13, y hasta transcritos al pie de la letra. Hase visto, sin embargo, obligado una vez a citar mi tratado en su párrafo 531, donde no necesita quien garantice de un hecho. Tiene gracia la manera como menciona los quebrados con que expreso yo, como consecuencia de mi teoría, los colores todos.

Debió de parecerle que no era muy correcto el apropiárselos tan *sans façon* y dice en su párrafo 308: «Si *quisiéramos* expresar con números la expuesta relación de los colores respecto al blanco, tomando de unidad a éste, estableceríanse poco más o menos (como ya lo hizo Schopenhauer) las siguientes proporciones: amarillo, $3/4$; anaranjado, $2/3$; rojo, $1/2$; verde, $1/2$; azul, $1/3$; violeta, $1/4$; negro, 0». Lo que yo quisiera saber ahora, es cómo cabe hacer esto sin haber antes comprendido toda mi teoría fisiológica de los colores, única a que se refieren estos números y sin la cual no tiene significación alguna y quisiera saber, sobre todo, cómo puede hacerse eso aceptando, como acepta el señor Rosas, la teoría newtoniana de los colores, teoría en contradicción abierta con dichos números; y quisiera saber, por último, cómo es que en tantos siglos que hace que piensan y escriben los hombres no se les hayan ocurrido esos quebrados precisamente como expresión de los colores, más que a nosotros dos, al señor Rosas y a mí. El que él los hubiese determinado de igual manera, independientemente de que yo hubiese tenido la suerte de hacerlo catorce años antes, precediéndole sin necesidad alguna, es cosa que lo dicen sus anteriores palabras, de las que resulta que se refiere al «querer» tan sólo. Mas es el caso que en esos quebrados es donde reside precisamente el secreto de los colores, la verdadera solución de cuya esencia y diferencias mutuas sólo se obtiene mediante los quebrados esos. Sería yo, empero, condescendiente si fuera el plagio la improbidad mayor que aflige a la literatura alemana; pero es que hay algo más profundamente arraigado y más pernicioso, algo que está respecto al plagio en la relación en que una pequeña ratería guarda con un crimen capital. Me refiero a aquel bajo y vergonzoso espíritu que hace del interés personal la estrella polar, cuando debía serlo la verdad; espíritu en que habla, bajo la máscara de la inteligencia, un propósito preconcebido. La doblez y la adulación están a la orden del día; coméntase la hipocresía sin rubor alguno y se oyen sermones en lugares dedicados a la ciencia. La noble palabra ilustración ha venido a ser una especie de injuria; vilipéndiase a los hombres más grandes del siglo pasado, a Voltaire, a Rousseau, a Locke, a Hume, a estos héroes, ornato de la Humanidad, a estos bienhechores de nuestro linaje, cuya

1. Fisiología y patología

fama, extendida por ambos hemisferios, debería enaltecerse, ya que no por otra cosa, por lo menos porque siempre y en todo lugar en que se presenten oscurantistas son, sin que les falte razón para ello, sus más acérrimos enemigos. Hanse establecido bandos y hermandades literarias para alabanza y vituperio; elógiase lo malo y se vilipendia lo bueno, o como dice Goethe, «mantiénesele en secreto con un inquebrantable silencio, especie de censura inquisitorial en que están los alemanes muy adelantados». Y son de tan baja estofa los motivos que a ello les mueven que no debo detenerme en ellos. ¡Qué diferencia de la *Edinburgh Review,* escrita, por amor a la ciencia, por *gentlemen* independientes, revista que lleva con honor su noble lema, tomado de Publio Siro: *Judex damnatur cum nocens absolvitur**[8], qué diferencia de esta revista a las alemanas, llenas de prejuicios, irrespetuosas, pusilánimes, innobles, revistas fabricadas en su mayor parte por mercenarios que sólo miran al dinero y que debían tener por lema: *accedas socius, laudes, lauderis ut absens!*[9]. Comprendo, por fin, al cabo de veintiún años, lo que me dijo Goethe en 1814, en Berka, donde le encontré con el libro de madame de Staël, *De l'Allemagne* y hablando acerca del cual le manifesté que presentaba una pintura exagerada de la probidad de los alemanes, pintura que había de inducir a error a los extranjeros. Riose y me dijo: «Es cierto, no cierran el cofre, y se rom-

---

* Esto fue escrito en 1836. Desde entonces ha descendido la *Edinburgh Review,* no siendo ya lo que era. Hase convertido en un púlpito en que se predica al populacho. *(Nota del autor a la segunda edición.)*
8. El juez es condenado cuando el culpable es absuelto.
9. Llegues en calidad de aliado, alabes, seas alabado como ausente.

pe». Y añadió: «Pero si se quiere conocer en toda su extensión la improbidad de los alemanes es preciso enterarse de su literatura». ¡Bien! Mas entre todas las miserias de la literatura alemana, la más irritante es el servilismo para con su época, de los pretendidos filósofos y en realidad oscurantistas. Servilismo para con la época *(Zeitdienerei);* he aquí una palabra que, aunque imitada por mí del inglés, no necesita aclaración alguna, ni prueba la cosa; pues quien tuviese el descaro de negarla daría un testimonio grave a mi presente tema. Enséñanos Kant que hay que tratar al hombre como a fin y no como a medio, y no creía tener yo que decir que jamás debe tomarse a la filosofía como medio, sino como fin. El servilismo hacia la época en que se vive cabe disculparlo en caso de necesidad, disfrazado con todo ropaje, en hábito monástico o en armiño; pero como no tiene disculpa es vestido de tribonio, con el manto del filósofo, porque quien se lo ponga es que ha jurado fidelidad bajo las banderas de la verdad; tiende toda otra consideración, refiérase a lo que se refiera, una vil traición allí donde de su servicio a la verdad se trate. Por esto es por lo que no escaparon ni Sócrates de la cicuta ni Bruno del quemadero. Mas a los otros cabe seducirlos con un mendrugo de pan. ¿Son tan miopes acaso que no ven allí, muy cerca de ellos, a la posteridad, en que se asienta la historia de la filosofía, trazando inexorablemente en su imperecedero libro, dos amargas líneas de execración, con férrea garra y firme mano? ¿O es que no se les da nada de esto? Verdad es que suele decirse en caso de apuro: ¡después de mí, el diluvio!; pero no sube a los labios semejante frase. Paréceme que deben dirigirse a esa juzgadora diciéndola: «¡Ay, querida posteridad e historia de la filosofía!, estáis en un error si nos tomáis en serio; no somos filósofos, ¡líbrenos Dios!; no somos nada más que profesores de Filosofía, empleados públicos, filósofos de chanza; es como si quisierais meter en un torneo real y efectivo a los caballeros de teatro, armados de cartón». En tal caso tendrá la que ha de juzgarnos, la consideración de pasar por alto todos esos nombres, concediéndoles el *beneficium perpetui silentii*.

De esta digresión a que me arrastró, hace ya dieciocho años, el espectáculo del servilismo a la época de la gazmoñería que tanto florecen hoy como entonces, vuelvo, a parte de mi doctrina, confirmada por el Sr. Brandis, si bien no por el mismo descubierta, y vuelvo a ella para presentar algunas aclaraciones a que añadiré en seguida algunas otras confirmaciones que de parte de la fisiología he recibido.

Las tres suposiciones criticadas por Kant en la dialéctica trascendental, bajo el nombre de ideas de la razón, y dadas de mano, en su consecuencia, en la filosofía teorética, hasta la total transformación de la filosofía por ese grande hombre, hacen, en todo tiempo, costosa la profunda visión de la Naturaleza. Para el objeto de nuestra consideración presente, el obstáculo era la llamada idea racional del alma, esta esencia metafísica, en cuya absoluta simplicidad se unían y fundían eterna e inseparablemente el conocer y el querer. Mientras subsistiese tal idea no era posible fisiología filosófica alguna; tanto menos, cuanto que con ella había que establecer necesariamente su correlativa, la materia real y puramente pasiva, en cuanto material del cuerpo, como una esencia subsistente en sí, como un ser en sí. Esa idea racional del alma fue también la que tuvo la culpa de que, a principios del siglo pasado, el famoso químico y fisiólogo Jorge Ernesto Stahl[10] marrara en la verdad a que se acercó mucho y a que habría alcanzado si hubiese podido poner en vez del *anima rationalis,* la voluntad desnuda, inconsciente todavía, la única que es metafísica. Mas estando como estaba bajo el influjo de aquel ente de razón, no podía enseñar sino que era aquel alma simple y racional la que se construía el cuerpo dirigiendo y llevando a cabo las funciones internas orgánicas todas, si bien sin saber ni experimentar nada de todo ello, aun cuando sólo fuese el conocer el carácter fundamental y a la vez la sustancia de su esencia. Y he aquí la raíz del absurdo que hizo insostenible su doctrina, arrollada por la de la irritabilidad y sensibilidad de Haller, que si bien concebidas de un modo meramente empírico, son dos *qualitates ocultae* en que se acaba toda explicación. Atribuyéronse al punto a la irritabilidad los movimientos del corazón y los de las vísceras. Pero quedó a la vez herida en su honor y dignidad el *anima rationalis,* como huésped extraño en casa del cuerpo, cuya bohardilla habita. «La verdad está en lo hondo del pozo», dijo Demócrito, y hanlo repetido suspirando los siglos; bastante es que se la toque con el dedo cuando se la quiere sacar.

El rasgo fundamental de mi doctrina, lo que la coloca en contraposición con todas las que han existido, es la total separación que establece entre la voluntad y la inte-

---

10. Stahl, Georg Ernst (1660-1734), consejero áulico del rey de Prusia y miembro de la Academia Real Prusiana.

ligencia, entidades que han considerado los filósofos, todos mis predecesores, como inseparables y hasta como condicionada la voluntad por el conocimiento, que es para ellos el fondo de nuestro ser espiritual, y cual una mera función, por lo tanto, la voluntad del conocimiento. Esta separación, esta disociación del yo o del alma, tanto tiempo indivisible, en dos elementos heterogéneos, es para la filosofía lo que el análisis del agua ha sido para la química, si bien este análisis fue reconocido al cabo. En mi doctrina, lo eterno e indestructible en el hombre, lo que forma en él el principio de vida, no es el alma, sino que es, sirviéndonos de una expresión química, el radical del alma, la *voluntad*. La llamada alma, es ya compuesta; es la combinación de la voluntad con el νοῦς, el intelecto. Este intelecto es lo secundario, el *posterius* del organismo, por éste condicionado, como función que es del cerebro. La voluntad, por el contrario, es lo primario, el *prius* del organismo, aquello por lo que éste se condiciona. Puesto que la voluntad es aquella esencia en sí, que se manifiesta primeramente en la representación (mera función cerebral ésta), cual un cuerpo orgánico, resulta que tan sólo en la representación se le da a cada uno el cuerpo como algo extenso, articulado, orgánico, no fuera ni inmediatamente en la propia conciencia. Así como las acciones del cuerpo no son más que los actos de la voluntad que se pintan en la representación, así su sustrato, la figura de este cuerpo, es su imagen en conjunto; y de aquí que sea la voluntad el *agens* en todas las funciones orgánicas del cuerpo, así como en sus acciones extrínsecas. La verdadera fisiología, cuando se eleva, muéstranos lo espiritual del hombre (el conocimiento), como producto de lo físico de él, lo que ha demostrado cual ningún otro, Cabanis; pero la verdadera metafísica nos enseña que eso mismo físico no es más que producto o más bien manifestación de algo espiritual (la voluntad) y que la materia misma está condicionada por la representación, en la cual tan sólo existe. La percepción y el pensamiento se explicarán siempre, y cada vez mejor, por el organismo; pero jamás será explicada así la voluntad, sino que, a la inversa, es por ésta por lo que el pensamiento se explica, como lo demuestro en seguida. Establezco, pues, primeramente la *voluntad,* como *cosa en sí,* completamente originaria; en segundo lugar su mera sensibilización u objetivación, el cuerpo; y en tercer término el conocimiento, como mera función de una parte del cuerpo. Esta parte misma es el querer conocer *(Erkennenwollen,* la voluntad de conocer) objetivado (hecho representación), en cuanto necesita la voluntad para sus fines, del conocimiento. Mas esta función condiciona, a su vez, el mundo todo, como representación y con éste al cuerpo mismo, en cuanto objeto perceptible y hasta a la materia en general, como existente no más que en la representación. Porque, en efecto, un mundo objetivo sin un sujeto en cuya conciencia exista, es, bien considerado, algo eternamente inconcebible. El conocimiento y la materia (sujeto y objeto), no son, pues, más que relativos el uno respecto al otro, formando el *fenómeno.* Así como queda la cuestión, como no había estado hasta hoy, merced a mi alteración fundamental.

Cuando obra hacia afuera, cuando se dirige a un objeto conocido, llevada por el conocimiento a él, reconocen entonces todos a lo que es aquí activo como tal *voluntad,*

1. Fisiología y patología

recibiendo en tal caso este nombre. Pero no es menos voluntad lo que obra activamente en los procesos internos, que, presupuestas cual condición aquellas acciones exteriores, crean y conservan la vida orgánica y su sustrato, siendo labor suya también la circulación de la sangre, la secreción y la digestión. Mas por lo mismo de que sólo se la reconozca como tal voluntad allí, donde dejando al individuo de quien brota, se dirige al mundo exterior, representándoselo cual percepción precisamente para dirigirse a él, por esto es por lo que se ha considerado al intelecto como la materia de que consta, pasando éste, por lo tanto, como lo capital de lo que existe.

Lo que ante todo hace falta, es distinguir la voluntad del albedrío *(Wille* y *Willkür)*[11]; teniendo en cuenta que

---

[11]. Ha de distinguirse, con sumo cuidado, la voluntad del albedrío, que es una manifestación entre otras de la voluntad universal e infinita, como pueda serlo la planta, por ejemplo. El término alemán *Wille* recubre los sentidos de voluntad, querer, ganas, deseo, espontaneidad, etc. No hay que confundir con el libre albedrío a esta voluntad, cuya posesión no puede ser objeto de decisión, puesto que sería ella precisamente la que pondría en movimiento la fuerza precisa para que algo determinado fuese querido, y que, por tanto, o se da o no se da, pero no puede ser buscado ya que toda búsqueda tendría por causa a la voluntad. El «libre albedrío» –en alemán *Willkür*–, por el contrario, remite a una intervención del intelecto, al señorío de la razón sobre la diversidad de objetos que puedan conmover al deseo: cada uno de estos objetos vendrá acompañado de un poder, de una prepotencia o preponderancia mayor o menor, sobre la inteligencia; este poder, inseparable de la cosa pero trascendente a toda cosa concreta, esta fuerza que actúa tras cada deseo o, incluso, tras cada capricho, es la voluntad *(Wille)*. Cuando la decisión se ve alumbrada por el intelecto, o, para expresarlo en términos schopenhauerianos, cuando las causas que mueven a la inteligencia son motivos, nos encontramos con el arbitrio o albedrío. La idea de *Wille* hace pensar en una fuerza o potencia, la

puede existir aquélla sin éste, como lo presupone mi filosofía toda. Albedrío se llama a la voluntad cuando la alumbra el intelecto, siendo, por lo tanto, las causas que le mueven a motivos, es decir, representaciones, lo cual, expresado objetivamente, quiere decir que la influencia del exterior, que es lo que ocasiona el acto, se mediatiza por un *cerebro*. Cabe definir el motivo diciendo que es un excitante exterior bajo cuyo influjo nace al momento una *imagen* en el *cerebro*, imagen por cuya mediación cumple la voluntad el efecto propio, que es una acción vital extrínseca. En la especie humana puede ocupar el lugar de esa imagen un concepto que se ha sacado de anteriores imágenes de esa clase, por remoción de diferencias y que en consecuencia no es ya sensible sino designado y fijado no más que con palabras. Por lo mismo que la eficacia de los motivos en general no va ligada al contacto, pueden medir sus fuerzas influencias, unos con otros sobre la voluntad, esto es, que cabe que se produzca elección. Limítase ésta, en el animal, al estrecho círculo de lo que tiene presente a los sentidos; en el hombre, por el contrario, tiene por campo el amplio espacio de lo por él *pensable,* los conceptos. Por esto es por lo que se designan cual arbitrarios los movimientos que no se siguen, como los de los cuerpos inorgánicos, a *causas,* en el sentido estricto de la palabra, ni aun a *meros excitantes,* como en las plantas, sino a *motivos.* Éstos, empero, presuponen *intelecto,* como *medio* que es de los *mo-*

---

de *Willkür,* al contrario, remite a un intelecto que consigue –siquiera sea transitoriamente– neutralizar la presión de diversas fuerzas y examinar, «a la luz de la razón», los motivos en que tales fuerzas se exteriorizan.

tivos, medio por el que se verifica aquí la causación, no obstante su necesidad toda. Cabe designar también fisiológicamente la diferencia entre excitante y motivo. El excitante *(Reiz)* provoca la reacción *inmediatamente,* en cuanto ésta surge de la parte misma sobre que aquél obra; el motivo, por el contrario, es un excitante que tiene que dar un rodeo por el cerebro, donde nace, bajo su influjo, una imagen que es la que en primer lugar provoca la reacción subsiguiente, llamada volición. La diferencia entre movimientos voluntarios e involuntarios, refiérese, pues, no a lo esencial y primario, que es en ambos casos la voluntad, sino meramente a lo secundario, la provocación de la exteriorización de la voluntad, o sea a si se cumple dicha exteriorización por el hilo de las causas propiamente tales, o de los excitantes, o de los motivos, es decir, de las causas llevadas por el intelecto. En la conciencia humana, que se diferencia de la de los animales en que contiene, no sólo puras representaciones sensibles, sino además conceptos abstractos, que independientes de diferencia de tiempo, obran a la vez y conjuntamente, de donde puede surgir deliberación o conflicto de motivos; en la conciencia humana, digo, entra el albedrío en el más estricto sentido de la palabra, el que he llamado decisión electiva *(Wahlentscheidung),* y que no consiste más que en que el motivo *más poderoso* para un carácter individual dado venza a los demás determinando el acto, lo mismo que un choque es dominado por un contrachoque más fuerte, siguiéndose la consecuencia con la misma necesidad con que se sigue el movimiento de la piedra chocada. Sobre esto hállanse acordes todos los grandes pensadores de los tiempos todos, siendo tan cierto esto como que la gran masa jamás verá ni comprenderá la verdad de que la obra de nuestra libertad no hay que buscarla en las acciones aisladas sino en nuestra esencia y existencia. Todo lo cual lo he dejado expuesto del modo más claro posible en mi escrito acerca del libre albedrío[12]. El *liberum arbitrium indiferentiae* es inaceptable como nota diferencial de los movimientos brotados de la voluntad, pues es una afirmación de la posibilidad de efectos sin causa.

Una vez que se ha logrado distinguir la voluntad del albedrío, considerando a este último como una especie o manera de manifestación de aquélla, no habrá dificultad alguna en ver también a la voluntad en los actos inconscientes. El que todos los movimientos de nuestro cuerpo, hasta los meramente vegetativos y orgánicos, broten de la *voluntad,* no quiere decir en manera alguna que sean arbitrarios, pues esto equivaldría a decir que son motivos lo que los ocasionan. Pero los motivos son representaciones, cuyo asiento es el cerebro, y sólo las partes que reciben de éste nervios pueden ser por él movidas por motivos, y sólo a este movimiento llamamos arbitrario. Los de la economía interna del organismo, por el contrario, guíanse por *excitantes,* como los de las plantas, sin más diferencia que la de que la complicación del organismo animal, así como hizo necesario un sensorio exterior para la comprensión del mundo externo y la reacción de la voluntad sobre él, así también ha hecho

---

12. Schopenhauer se refiere aquí a su obra *Sobre la libertad de la voluntad humana* (1841), uno de *Los dos problemas fundamentales de la ética.* Hay trad. cast. en esta misma colección: *Sobre la libertad de la voluntad,* Madrid, Alianza Editorial, 2000 (2012).

necesario un *cerebrum abdominale,* el sistema nervioso simpático, para dirigir la reacción de la voluntad a los excitantes internos. Cabe compararlos, el primero al ministerio de Estado, y al de Gobernación el segundo, quedando la voluntad como el monarca, en todo presente.

Los progresos de la fisiología desde Haller[13] han puesto fuera de duda que se hallan bajo la dirección del *sistema nervioso* no sólo las acciones extrínsecas acompañadas de conciencia (funciones animales), sino también los procesos vitales enteramente inconscientes (funciones vitales y naturales), estribando la diferencia en el respecto de la conciencia, no más que en que las primeras se guían por nervios que salen del cerebro, y las segundas por nervios que no comunican directamente con aquel centro capital del sistema nervioso, centro enderezado hacia fuera sobre todo, sino que se comunican con pequeños centros subordinados, los nodos de nervios, ganglios y sus tejidos, que están cual gobernadores de las diferentes provincias del sistema nervioso, dirigiendo los procesos internos por internas excitantes, así como el cerebro dirige las acciones externas guiándose de motivos externos; ganglios que reciben impresiones del interior y reaccionan a medida de ellas, así como el cerebro recibe representaciones y conforme a ellas se decide, limitándose, por lo demás, cada uno de aquéllos a un estrecho círculo de acción. En esto descansa la *vita propria* de cada sistema, respecto a la cual decía ya Van Helmont que cada órgano tiene su yo propio. De aquí se explica también la vida persistente, en las partes seccionadas, en

---

13. Haller, Albert von (1708-1777).

insectos, reptiles y otros animales inferiores, cuyo cerebro no predomina sobre los ganglios de cada parte, e igualmente se explica el que diversos reptiles vivan semanas y hasta meses después de habérseles quitado el cerebro. Sabemos también por la más segura experiencia que en las acciones guiadas por el centro capital del sistema nervioso y acompañadas de conciencia, el agente propiamente dicho es la *voluntad,* conocida por nosotros en la más inmediata conciencia y muy de otro modo que el mundo exterior; y no podemos, por lo tanto, menos que admitir que son igualmente manifestaciones de la voluntad las acciones que brotando lo mismo de aquel sistema nervioso, están bajo la dirección de sus centros subordinados, acciones que mantienen en duradera marcha el proceso vital, si bien nos es completamente desconocida la causa de que no vayan acompañadas, como las otras, de conciencia; y sabemos que la conciencia tiene su asiento en el cerebro, confinándose, en consecuencia, a aquellas partes cuyos nervios van al cerebro y cesando en ellas si dichos nervios son cortados. Así es como se explica por completo la diferencia entre lo consciente y lo inconsciente, y con ello lo que media entre lo voluntario y lo involuntario en los movimientos del cuerpo, sin que quede razón alguna para suponer los diversos orígenes del movimiento, puesto que *principia praeter necessitatem non sunt multiplicanda.* Es todo esto tan luminoso, que mirando la cosa libre de prejuicios, desde este punto de vista aparece casi cual un absurdo el querer hacer del cuerpo el criado de dos señores, en cuanto se haga derivar sus acciones de dos fuentes fundamentalmente diversas, atribuyendo a la voluntad los movimientos de los brazos y piernas, de los ojos, de los labios, de la garganta, lengua y pulmones, de los músculos, de la cara y del vientre, y por el contrario los del corazón, las arterias, los peristálticos de los intestinos, los de succión de las vellosidades intestinales y de las glándulas y todos los que sirven a las secreciones se hagan derivar de un muy otro principio, desconocido para nosotros y siempre oculto, al que se le designa con nombres tales como vitalidad, arqueo *spiritus animalis,* fuerza vital, impulso formador..., nombres que dicen tanto como X. En las secreciones, muy en especial, no cabe desconocer una cierta elección de lo que a cada una conviene, y, en consecuencia, *albedrío* del órgano que lo cumple, elección que ha de apoyarse en una cierta oscura sensación, mediante la cual cada órgano segregador saca de la misma sangre la secreción que le cuadra y no otra. Así sucede que de la sangre circulante el hígado no chupa más que bilis, dejando lo demás de aquélla; las glándulas salivales y el páncreas sólo saliva; los riñones, sólo orina; los testículos, esperma tan sólo, etc. Puédese, pues, comparar a los órganos secretores con diferentes ganados que pastan en la misma pradera sin coger uno de ellos más que la hierba acomodada a su apetito.

Notable e instructivo es el ver cómo el ilustre Treviranus, en su obra *Los fenómenos y leyes de la vida orgánica,* se esfuerza por determinar en los animales más bajos, infusorios y zoófitos, cuáles de sus movimientos sean voluntarios y cuáles automáticos o físicos, como él los llama, es decir, meramente vitales, partiendo para ello del supuesto de que tiene que habérselas con dos fuentes de movimientos originariamente diferentes una de otra, cuando la verdad es que tanto unos movimientos como otros salen de la voluntad, consistiendo la diferencia toda que entre ellos media en si han sido ocasionados por excitante o por motivo, es decir, si han mediatizado o no por un cerebro, pudiendo el excitante ser, a su vez, externo o interno. En muchos animales más elevados en la escala zoológica, crustáceos y hasta peces, se encuentra Treviranus con que concurren los movimientos voluntarios y los vitales, v. gr., en la locomoción con la respiración, clara prueba de la identidad de su esencia y origen. Dice en la pág. 188: «En la familia de los actinios, asterias, erizos de mar y holoturios *(echinodermata pedata Cuv.)*, es evidente como depende de la voluntad de los mismos el movimiento de los humores, que resulta un medio de la locomoción del animal». En la pág. 288, dice: «La garganta de los mamíferos tiene en su terminación superior la faringe que se dilata y contrae por músculos que coinciden en su formación con los voluntarios, sin estar bajo el dominio de la voluntad». Aquí se ve cómo se confunden los límites de los movimientos que brotan de la voluntad con los de aquellos otros, al parecer extraños a ella. En la pág. 293: «Sucédense en los estómagos de los rumiantes movimientos que tienen toda la apariencia de voluntarios. Y tampoco están en constante enlace más que con la rumiación. Tampoco el estómago del hombre y de muchos animales permite el paso por su abertura interna más que a lo digestible, arrojando por vómito lo que no lo sea».

Hay aún algunos ejemplos de que brotan igualmente de la voluntad los movimientos por excitante (los involuntarios) y los debidos a motivos (voluntarios), entrando aquí los casos en que un mismo movimiento se debe, ya a excitante, ya a motivo, como, v. gr., la contracción de la pupila. Suele verificarse ésta por excitante que es el aumento de luz, y por motivo, siempre que nos esforzamos por examinar un objeto, bien pequeño o lejano, porque la contracción de la pupila efectúa visión clara más de cerca, pudiendo darle mayor claridad aún si miramos por un agujero hecho con una aguja, y dilatamos, por la inversa, la pupila cuando queremos ver en lontananza. Y no han de brotar de fuentes fundamentalmente diversas, por alternativa, movimientos iguales del mismo órgano. E. H. Weber en su programa, *additamenta ad E. H. Weberi tractatum de motu iridis, Lipsiae,* 1823, nos cuenta que ha descubierto en sí mismo la facultad de dilatar y contraer a voluntad la pupila de un ojo, dirigida a un solo y mismo objeto, mientras queda cerrado el otro ojo, lo cual hace que se le muestre el objeto ya claro, ya indistinto. También Juan Müller trata de probar en su Manual de Fisiología que la voluntad obra sobre la pupila.

La idea de que las funciones vitales y vegetativas llevadas a cabo sin conciencia tienen por su más íntimo motor a la voluntad, es una idea que se confirma además por la consideración de que aun el movimiento, reconocido como voluntario, de un miembro, no es más que el último resultado de una multitud de alteraciones precedentes en el interior de ese miembro, alteraciones que no llegan a la conciencia más que aquellas otras funciones orgánicas, siendo manifiesto, no obstante, que son aquello sobre que actúa desde luego la voluntad, siendo el movimiento del miembro no más que una consecuencia. Mas como quiera que permanece tan extraña a ello nuestra conciencia, procuran los fisiólogos hallar mediante hipótesis la manera cómo se contraen las fibras musculares por una alteración en el tejido celular del músculo, en que mediante una sedimentación de la sangre resulta suero, cumpliéndose todo ello por mediación del nervio, movido por la voluntad. Y así es como aquí tampoco llega a conciencia la modificación que parte de la voluntad, sino tan sólo su remoto resultado, y aun esto propiamente no más que por la intuición de espacio del cerebro, intuición con que se representa al cuerpo todo. Pero lo que jamás han llegado a ver los fisiólogos en el camino de sus investigaciones e hipótesis experimentales, es que sea la *voluntad* el último miembro de esta serie causal, ascendente, verdad que han conocido muy de otra manera. Háseles sugerido la clave del enigma desde fuera de la investigación empírica, gracias a la feliz circunstancia de que es aquí el investigador mismo lo que hay que investigar, el investigador que experimenta el secreto del proceso interno, pues en otro caso tendría que detenerse su explicación como las de los demás fenómenos, ante una fuerza inexcrutable. Y si guardáramos respecto a todo fenómeno natural la misma relación interna que con nuestro organismo guardamos, acabaría la explicación de cada fenómeno natural y de las propiedades todas de cada cuerpo por reverter a una voluntad que se manifiesta en ellos. No estriba la diferencia en la cosa misma, sino tan sólo en nuestra relación para con ella. Por dondequiera que llega a su fin la explicación de lo físico choca con algo metafísico, y dondequiera que esté esto metafísico al alcance de un conocimiento inmediato, nos dará, como aquí, a la voluntad. El que la voluntad

1. Fisiología y patología

anime y domine a las partes del organismo no movidas voluntariamente por el cerebro, es decir, por motivos, verdad es que nos lo prueba su comunidad de afecciones con todos los movimientos extraordinariamente vivos de la voluntad, esto es, con los afectos y pasiones; las rápidas palpitaciones cardíacas en el placer o el temor, el rubor en la vergüenza, la palidez en el terror y en el rencor disimulado, el llanto en la tribulación, la erección en las imágenes voluptuosas, la dificultad de respirar y la precipitación de la actividad intestinal en la angustia; la salivación en la boca al excitarse la golosinería, las náuseas a la vista de cosas asquerosas, el avivarse la circulación sanguínea y el alterarse la calidad de la bilis en la cólera, y de la saliva por una rabia súbita, en grado tal esto último, que un perro irritado al colmo puede comunicar la hidrofobia con su mordedura, sin estar atacado de rabia canina, lo cual se afirma también de los gatos y hasta de los gallos irritados. Ocurre, además, que puede una pena dañar en lo más profundo al organismo, obrando el terror mortalmente, y lo mismo puede dañarlo un placer súbito. Por el contrario, todas las modificaciones y los procesos internos todos que no se refieran más que al conocer dejando fuera de juego a la voluntad, quedan sin influjo sobre la maquinaria del organismo, por grandes e importantes que sean, hasta tanto que una actividad demasiado forzada e intensa del intelecto fatigue al cerebro y agote y arruine al organismo, lo cual confirma, en todo caso, que el conocer es de naturaleza secundaria y no más que la función orgánica de una parte, un producto de la vida, sin que forme el núcleo interno de nuestro ser, la cosa en sí, sin que sea metafísico, incorpóreo, eterno, como la voluntad. Ésta no se cansa, no se altera, no aprende, no se perfecciona por el ejercicio, es en la niñez lo que en la ancianidad, siempre una y la misma e invariable su carácter en cada uno. Es así como lo esencial también lo constante, existiendo, por lo tanto, lo mismo en los animales que en nosotros, pues no depende, como el intelecto, de la perfección de la organización, sino que es, en esencia, la misma en todos los animales, lo conocido íntimamente por nosotros. Por esto es por lo que tiene el animal los afectos todos del hombre: placer, tristeza, temor, cólera, amor, odio, celos, envidia, etc., dependiendo la diferencia que entre los animales y el hombre media no más que en el grado de perfección del intelecto, y como esto nos llevaría muy lejos, remito al lector al capítulo 19 del segundo tomo de *El mundo como voluntad y representación*.

Teniendo en cuenta las expuestas y luminosas razones en apoyo de que el agente original en la maquinaria interna del organismo es precisamente la misma voluntad que guía los actos externos del cuerpo, dándose a conocer en éstos como tal, no más que por necesitar en ellos de la mediación del conocimiento, dirigido hacia fuera, y con conciencia en semejante proceso, teniendo en cuenta tales razones, digo, no ha de sorprendernos el que haya, además de Brandis, otros fisiólogos que hayan reconocido más o menos claramente en el curso de sus investigaciones meramente empíricas dicha verdad. Meckel, en su *Archivo de fisiología* (tomo V, págs. 195-198), llega de un modo totalmente empírico y por completo libre de prejuicios al resultado de que la vida vegetativa, la formación del embrión, la asimilación del alimento, la

1. Fisiología y patología

vida de las plantas, cabría considerar muy bien cual manifestaciones de la voluntad y que hasta la acción del imán nos presenta apariencias de tal. «Tal vez quepa justificar –decía– la suposición de una cierta voluntad libre en cada movimiento vital.» «La planta parece dirigirse libremente a la luz», etc. El tomo es de 1819, cuando acababa de aparecer mi obra, y siendo por lo menos incierto que hubiese ejercido influencia sobre él, ni siquiera que la hubiese leído, por lo cual cuento esta manifestación entre las confirmaciones de mi doctrina empírica y sin prevención. También Burdach[14], en su gran *Fisiología,* tomo 1, página 259, llega del todo empíricamente al resultado de que «el amor propio es una fuerza que compete a los seres todos sin distinción», demostrándolo en seguida, primero en los animales, luego en las plantas, y en los cuerpos inanimados por último. ¿Qué es, empero, el amor propio, que no sea voluntad de conservar el ser propio, voluntad de vivir? Cuando trate de la anatomía comparada, citaré otro pasaje del mismo libro que confirma aún más decisivamente mi doctrina. En la tesis sostenida por el doctor von Sigriz en su promoción en Múnich, en agosto de 1835 (tesis que se titula: 1. *Sanguis est determinans formam organismi se evolventis*. 2. *Evolutio organica determinatur vitae internae actione et voluntate),* veo con placer que empieza a extenderse en el más amplio círculo de los médicos, hallando acogida entre sus representantes más jóvenes la doctrina de la voluntad como principio de la vida.

---

14. Burdach, Karl Friedrich (1776-1847), fue profesor de fisiología en Königsberg.

Tengo que citar, finalmente, una muy notable e inesperada confirmación de esta parte de mi doctrina, confirmación que nos ha sido comunicada por Colebrooke[15], tomándola de la antigua filosofía indostánica. En la exposición de las escuelas filosóficas de los indos, tal como nos las da en el tomo primero de las *Transactions of the Asiatic Society of Great Britain,* 1824, dice en la pág. 110 exponiendo la doctrina de la escuela Niaya, lo siguiente: «La volición, Yatna, el esfuerzo o manifestación de la voluntad, es una propia determinación a obrar que procura satisfacción. El deseo es su ocasión y la percepción su motivo. Distínguense dos clases de voliciones: las que brotan del deseo, que busca lo agradable, y las que brotan de la aversión, que huye de lo desagradable. Otra especie, que escapa a la sensación y percepción, pero que se infiere por analogía de los actos espontáneos, es la que comprende las funciones animales, teniendo por causa el poder vital invisible». Es evidente que esto de las «funciones animales» hay que entenderlo aquí no en el sentido fisiológico, sino en el popular de la palabra, siendo indiscutible, por lo tanto, que se hace derivar aquí la vida orgánica de la voluntad. Una indicación semejante de Colebrooke se encuentra en sus noticias sobre los Vedas *(Asiatic Researches,* vol. 8, página 426), donde dice: «Así es volición inconsciente, que ocasiona actos necesarios para el sostenimiento de la vida, como la respiración, etc.».

---

15. Colebrooke, Henry Thomas (1765-1837), se le deben buen número de traducciones al inglés de obras del sánscrito sobre leyes, matemáticas, religión y filosofía.

1. Fisiología y patología

El haber yo reducido la fuerza vital a la voluntad no se opone, por lo demás, a la antigua división de sus funciones en reproductividad, irritabilidad y sensibilidad. Sigue siendo profunda esta distinción y dando ocasión a interesantes consideraciones.

La *potencia reproductiva,* objetivada en el tejido celular, es el carácter capital de las plantas y lo vegetal del hombre. Cuando predomina en éste, suponémosle flema, lentitud, pereza, torpeza de sentidos (beocios), si bien no siempre se confirma tal suposición. La *irritabilidad,* objetivada en las fibras musculares, es el carácter capital del animal y lo animal del hombre. Si en éste predomina, suele verse en él constancia, fortaleza y bravura, aptitud para los esfuerzos corporales y para la guerra (espartanos). Casi todos los animales de sangre caliente y hasta los insectos sobrepujan con mucho la irritabilidad del hombre. En la irritabilidad es en lo que con más viveza tiene el animal conciencia de su existir, y por esto es por lo que se exalta en las manifestaciones de ella. En el hombre vemos un rastro de esta exaltación en la danza. La *sensibilidad,* objetivada en los nervios, es el carácter capital del hombre y lo propiamente humano de él. Ningún animal puede compararse en esto, ni aun remotamente, con el hombre. Cuando predomina mucho da el *genio* (atenienses), y por esto es por lo que el hombre de genio es *hombre* en sumo grado. Y así es como se explica el que haya habido algunos genios que se han negado a reconocer a los demás hombres como tales hombres, por lo monótono de sus fisonomías y el común sello de vulgaridad, pues no viendo en ellos a sus iguales, caían en el natural error de creer la suya la constitución normal. En este sentido buscaba Diógenes con su linterna un hombre; el genial Koheleth dice: «He hallado de cada mil *un* hombre; pero ninguna mujer entre éstos»; y Gracián, en el *Criticón,* la más grande y más hermosa alegoría que tal vez se haya escrito, dice: «Pero lo más maravilloso era que no encontraron hombre alguno en todo el país, ni aun en las ciudades más populosas, sino que estaba habitado todo por leones, tigres, leopardos, lobos, zorras, monos, bueyes, asnos, y en ninguna parte un hombre, porque los pocos que había, para ocultarse y no ver lo que pasaba, habíanse retirado a aquellos yermos que deberían haber sido habitación de las fieras»[(1)]. En la misma razón estriba de hecho la propensión, propia de los genios todos, a la soledad, a lo que tanto les empuja, lo que de los demás se diferencian como les capacita para ello su riqueza interior. En los hombres, como en los diamantes, sólo los extraordinariamente grandes sirven para solitarios; los ordinarios tienen que estar juntos y obrar sobre la masa.

(1) Como no he podido haber a mano *El Criticón,* de Gracián, en vez de copiar este pasaje de su original, como debería haber hecho, me he visto precisado a retraducirlo, o sea traducirlo al castellano de traducción de Schopenhauer[16]. *(N. del T.)*
16. El texto original de Gracián, objeto de la doble traducción, dice así: «Fuelos guiando a la plaza mayor, donde hallaron paseándose gran multitud de fieras, y todas tan sueltas como libres, con tan notable peligro de los incautos: había leones, tigres, leopardos, lobos, toros, panteras, muchas vulpejas; ni faltaban sierpes, dragones y basiliscos. –¿Qué es esto?, dijo turbado Andrenio. ¿Dónde estamos? ¿Es esta población humana o selva ferina? –No tienes que temer, que cautelarte sí, dijo el Centauro–. Sin duda que los pocos hombres que habían quedado se han retirado a los montes, ponderó Critilo, por no ver lo que en el mundo pasa, y que las fieras se han venido a las ciudades y se han hecho cortesanas». *El Criticón,* primera parte, Crisi VI.

A las tres potencias fisiológicas fundamentales corresponden los tres *gunas* o propiedades fundamentales de los indos. *Tamas-Guna,* torpeza, tontería, corresponde a la potencia reproductiva –*Rajas-Guna,* apasionamiento, a la irritabilidad–; y S*attva-Guna,* sabiduría y virtud, a la sensibilidad. Y si se añade que tamasguna es la suerte de los animales, rajasguna la de los hombres y sattvaguna la de los dioses, queda expresado de manera más mitológica que fisiológica.

El asunto tratado en este capítulo, se trata igualmente en el capítulo 20 del tomo II de *El mundo como voluntad y como representación,* capítulo titulado: «Objetivación de la voluntad en el organismo animal». Recomiéndolo como ampliación de lo aquí dicho. En los *Parerga* corresponde al parágrafo 94 del tomo II.

2. Anatomía comparada

Deduciéndolo de mi proposición de que la cosa en sí de Kant, o sea el último sustrato de todo fenómeno, sea la voluntad, había derivado no tan sólo el que sea la voluntad el agente en todas las funciones internas e inconscientes del organismo, sino también el que ese mismo cuerpo orgánico no es otra cosa que la voluntad dentro de la representación, la voluntad misma intuida en la forma intelectual de espacio. Por esto decía que así como toda volición momentánea aislada se muestra inmediata e infaliblemente en la intuición externa del cuerpo como una acción del mismo, así también el querer todo de cada animal, el complejo de sus tendencias todas, tiene que tener su fiel trasunto en el cuerpo mismo todo, en la constitución de su organismo, teniendo que existir la mayor concordancia posible entre los fines de la voluntad en general y los medios de que para la consecución de ellos le provee su organización. O, dicho en cuatro palabras, que el carácter total de su querer tiene que estar con respecto a la figura y constitución de su cuerpo en las mismas relaciones en que está cada volición con el acto vital conducente a ella. También esto lo han reconocido como un hecho en tiempos modernos, anatómicos y fisiológicos pensadores, por su propia cuenta e independientemente de mi doctrina, confirmándola, por lo tanto, *a posteriori*. Sus expresiones rinden aquí el testimonio de la Naturaleza en pro de la verdad de mi doctrina.

En los notables grabados «sobre el esqueleto de los carnívoros», de Pander y D'Ahton, 1822, se dice en la página 7 lo siguiente: «Así como brota del carácter del animal lo característico de la formación ósea, así también el carácter mismo se desenvuelve de las inclinaciones y apetitos del animal... Estas inclinaciones y apetitos de los animales que tan a lo vivo se expresan en su organización toda, y de que ésta aparece no más que como la mediadora, no pueden explicarse por fuerzas especiales, puesto que sólo de la vida general de la Naturaleza cabe derivar la razón interna». Lo que el autor expresa aquí, con este último giro, es que él, como todo naturalista, ha llegado al punto en que tiene que detenerse, por chocar con lo metafísico, que se encuentra allí con lo último conocible, más allá de lo cual escapa la Naturaleza a sus investigaciones, y allí es donde están las inclinaciones y apetitos, es decir, la voluntad. «El animal es como es porque así lo quiere»; tal sería la breve expresión de su último resultado.

No menos expresivo es el testimonio que ha aportado a mi verdad el docto y profundo Burdach en su gran *Fisiología*, donde trata de las últimas razones del génesis

2. Anatomía comparada

del embrión. No puedo callar, por desgracia, que un autor tan excelente como éste, es aquí precisamente donde en mala hora y seducido Dios sabe cómo y por qué, emplea algunas frases de aquella pseudofilosofía completamente sin valor y robustamente impuesta, frases acerca del «pensamiento» que dice ser lo originario, siendo precisamente lo último y lo más condicionado, del «pensamiento» que no es, según él, «representación alguna», y por lo tanto, un hierro de madera. Pero en el mismo pasaje y al reaccionador influjo de lo mejor de sí propio, expresa la pura verdad en la pág. 710, diciendo: «El cerebro se invierte para formar la retina, porque lo central del embrión *quiere* recibir en sí las impresiones de la actividad cósmica; la mucosa del canal intestinal se desenvuelve en pulmones, porque *quiere* entrar el cuerpo orgánico en comercio con los principios cósmicos elementales; brotan del sistema vascular los órganos de la generación, porque el individuo no vive más que en la especie y *quiere* multiplicar la vida por él empezada». Estas expresiones de Burdach, tan acomodadas a mi doctrina, recuerdan el pasaje aquel del antiguo Mahabharata, que es difícil no tomar, desde este punto de vista, por la expresión mística de la verdad misma. Está en el canto tercero del episodio de Sunda y Upasunda, en los «Viajes de Ardshiena al cielo de Indra, con otros episodios de Mahabharata» publicados por Bopp en 1824. Brahma ha creado a Tilsttama, la más hermosa de todas las mujeres, y la rodea de la asamblea de los dioses; Siva tiene tales deseos de contemplarla que, como ella, recorre sucesivamente el círculo, y nácenle cuatro rostros, a medida del punto de vista, es decir, según las cuatro regiones del mundo. Tal vez se refieren a esto las representaciones de Siva con cinco cabezas, como Panch, Mukhti, Siva. De igual manera y con ocasión análoga nácenle a Indra los innumerables ojos de que tiene lleno el cuerpo. El Matsya Purana hace nacer a Brahma los cuatro rostros del mismo modo, es, a saber, porque habiéndose enamorado de Satarupa, su hija, la miró fijamente; pero ella viendo de reojo esa mirada, la esquivó, y él, avergonzado, no quiso seguir sus movimientos, a pesar de lo cual formósele un rostro hacia aquel lado, y como ella hiciera lo mismo, prosiguiendo en esquivarse, llegó él a tener cuatro caras. La verdad es que hay que considerar a cada órgano cual la expresión de una manifestación volitiva universal, esto es, hecha de una vez para siempre; de un anhelo fijado; de un acto volitivo, no del individuo, sino, de la especie. Toda figura animal es un apetito de la voluntad evocado a la vida por las circunstancias; v. gr., siente anhelo de vivir en los árboles, de colgarse de sus ramas, de alimentarse de sus hojas, sin tener que luchar con los demás animales, ni pisar el suelo, y este anhelo se manifiesta, de largo tiempo ya, en la figura (idea platónica) del animal llamado perezoso. Apenas puede andar, porque no está provisto más que de garras; privado de todo recurso en el suelo, manéjase muy bien en los árboles, apareciendo en éstos cual una rama enmohecida, con lo cual evita el que le vean sus perseguidores. Pero vamos a considerar la cosa más prosaica y metódicamente.

La evidente adaptación de cada animal a su género de vida, adaptación que se extiende hasta el individuo y a los medios exteriores de su conservación, y la exuberante perfección artística de su organización prestan el más rico argumento a consideraciones teleológicas, a que de antiguo propende el espíritu humano, consideraciones que llevadas a la Naturaleza inanimada han llegado a ser el argumento de la prueba físico-teleológica. La sin excepción finalidad, la patente intencionalidad en las partes del organismo animal anuncian demasiado claramente que obran en ellas no ya fuerzas naturales sin plan alguno y al acaso, sino una voluntad, cosa que cabe reconocer en serio. Pero sucede que no cabía, dado el conocimiento empírico, pensar en la acción de una voluntad de otro modo que no sea dirigida por un conocer, puesto que hasta llegar a mí hase tenido, como explicado queda, a la voluntad y a la inteligencia por en absoluto inseparables, llegando hasta considerar a la voluntad cual una mera operación de la inteligencia, supuesta base del espíritu todo. Debía, por consiguiente, allí donde obrara una voluntad, ser guiada por una inteligencia, y por lo tanto, aquí también. Ocurre, empero, que la inteligencia, como medio que se dirige esencialmente hacia afuera, exige que una voluntad que, mediante ella sea activa, no pueda obrar más que hacia afuera, de un ser a otro. Y de aquí el que no se buscase a la voluntad, cuyas inequívocas huellas se había hallado, donde realmente se encontraba, sino que se la suponía hacia afuera, haciendo del animal un producto de una voluntad a él extraña dirigida por inteligencia que debía haber estado constituida por un concepto final muy claro y bien pensado, e inteligencia precedente a la existencia del animal y puesta fuera de éste con la voluntad toda cuyo producto es el animal. Y de aquí el que el animal existiera antes en la representación que en la efectividad, o sea en sí mismo.

Tal es la base del proceso de pensamientos sobre que descansa la prueba físico-teleológica. Pero esta prueba no es un mero sofisma de escuela, como la ontológica; no lleva en sí misma un infatigable y natural contradictor, como la cosmológica; la tiene en la ley misma de la causalidad, a que debe su existencia; sino que es esta prueba, en realidad, para los doctos lo que para el pueblo la ceraunológica*, teniendo una apariencia tan poderosa y grande, que se han dejado caer en ella las cabezas más eminentes y a la vez más libres de prejuicios, como, v. gr., Voltaire, que después de varias dudas de toda clase, vuelve siempre a ella, sin ver posibilidad alguna de traspasarla y hasta asentando cual matemática su evidencia. También Priestley la reputa incontrovertible. Sólo la circunspección y agudeza de Hume se mantienen aquí firmes; este legítimo predecesor de Kant, en sus *Diálogos acerca de la religión natural,* tan dignos de leerse, hace observar cómo en el fondo no hay semejanza alguna entre las obras de la Naturaleza y las de un arte que obra a intento. Tanto más grande brilla aquí el mérito de Kant, lo mismo en la crítica del juicio que en la de la razón pura, cuanto que él es quien ha cortado el *nervus probandi* a esta prueba, tenida en tanto precio, así como a las otras dos. En mi obra capital, tomo I, se halla un corto

---

* Podría bajo esta denominación añadir a las tres pruebas citadas por Kant una cuarta, la prueba a *terrore* que define la vieja frase de Petronio *primus in orbe Deus fecit timor.* Como crítica de ella hay que considerar a la incomparable *Natural History of Religion,* de Hume. Entendida en el mismo sentido, podría tener su verdad también la prueba intentada por el teólogo Schleiermacher, basándose en el sentimiento de dependencia, si bien no la verdad que se proponía darle el que la estableció. *(N. del A.)*

resumen de esta contradicción kantiana a la prueba físico-teleológica. Por ella ha contraído Kant un gran mérito, pues nada se opone más a una justa visión de la Naturaleza y de la esencia de las cosas que semejante concepción de las mismas, cual si fuesen una obra llevada a cabo después de prudente cálculo. Y si luego un duque de Bridgewater ofrece grandes sumas como precio a fin de que se confirme y perpetúe tal error fundamental, trabajemos nosotros, inquebrantables, sin otro premio que la verdad, siguiendo las pisadas de Hume y de Kant. También en esto se limitó Kant a lo negativo, que cumple su efecto todo tan luego como se le complete con un recto positivo, cual solo procurador de satisfacción entera, conforme a la expresión de Spinoza: así como la luz se manifiesta a sí misma y manifiesta a las tinieblas, así la verdad es norma de sí misma y de lo falso. Digamos, pues, ante todo: el mundo no se ha hecho con ayuda de inteligencia, y, por lo tanto, no desde fuera, sino desde dentro; y entonces nos veremos obligados a mostrar el *punctum saliens* del huevo del mundo. El pensamiento físico-teleológico de que tenga que ser un intelecto el que ha ordenado y modelado la Naturaleza se acomoda fácilmente a todo entendimiento tosco, y es, sin embargo, tan absurdo como acomodado a él. El intelecto no nos es conocido más que por la naturaleza animal, y en consecuencia, cual un principio enteramente secundario y subordinado en el mundo, un producto del más posterior origen, no pudiendo, por lo tanto, haber sido jamás la condición de su existencia, ni haber precedido un *mundus intelligibilis* al *mundus sensibilis,* puesto que aquél recibe de éste su materia. No un intelecto, sino la naturaleza del intelecto es lo que ha producido la Naturaleza. Mas he aquí que entra la voluntad como la que todo lo llena y se da a conocer inmediatamente en cada cosa, resultando aquél, el entendimiento, su manifestación, y ella como lo originario en donde quiera. Cabe, por lo tanto, explicar los hechos todos teleológicos partiendo de la voluntad del ser mismo en quien se verifican.

Debilítase ya, por lo demás, la prueba físico-teleológica con la observación empírica de que las obras del instinto animal, la tela de la araña, el panal de las abejas, la vivienda de los térmites, etc., se nos presentan cual si fuesen hijas de un concepto final, de una amplia previsión y deliberación racional, cuando en realidad son obra de un ciego instinto, esto es, de una voluntad no guiada por inteligencia, de donde se sigue que no es seguro lo que de semejante disposición se deduce, basándolo en tal modo de ser las cosas. En el cap. 27 del segundo tomo de mi obra capital, se hallará una prolija consideración acerca del instinto. Ese capítulo, con el que le precede acerca de la teleología, pueden utilizarse cual complemento de todo lo tratado aquí.

Examinemos más de cerca la precitada adaptación de la organización de cada animal a su manera de vivir y a los medios de conservar su existencia. Ocurre aquí, desde luego, la pregunta de si es la manera de vivir la que se regula según la organización o ésta según aquélla. Parece, a primera vista, que sea lo primero lo exacto, puesto que en el orden del tiempo precede la organización a la manera de vivir, creyéndose que el animal ha adoptado el género de vida a que mejor se acomoda su estructura, utilizando lo mejor posible los órganos con que se halló; que el ave vuela porque tiene alas, el toro embiste porque tiene cuernos, y no la inversa. Esta opinión es la de Lucrecio:

> *Nil ideo quoniam natum est in corpore, ut uti possemus; sed, quod natum est, id procreat usum*[17]

desarrollada en el canto IV, 825-843. Sólo que en este supuesto queda sin explicación, cómo las partes totalmente diferentes del organismo de un animal responden en conjunto a su género de vida, que ningún órgano estorbe a otros, sino que más bien ayude cada uno a los demás, y que tampoco quede ninguno inutilizable, ni sirva mejor ningún órgano subordinado para otra manera de vivir, mientras solamente los órganos capitales hubieran determinado aquella manera de vida que sigue el animal. Sucede, antes bien, que cada parte del animal responde tanto a cada una de las otras partes como a su género de vida, v. gr., si las garras son siempre aptas para asir la presa, los dientes sirven para desgarrar y deshacer, y el canal intestinal para digerir y los miembros de locomoción a propósito para llevarlo allí donde se encuentre la tal presa, sin que quede inutilizable órgano alguno. Así, por ejemplo, el oso hormiguero tiene no sólo largas garras en las patas delanteras para poder derribar las viviendas de los térmites, sino también para poder introducirlo en dicha vivienda, un largo hocico de forma cilíndrica con

---

17. Porque nada ha nacido en el cuerpo de tal modo que podamos usar (de ello); sino que, lo que ha nacido, ello da origen al uso.

pequeña mandíbula y una lengua larga, filiforme, recubierta de una pegajosa mucosidad, lengua que mete profundamente en los nidos de los térmites, retirándola con los insectos a ella pegados, y, por el contrario, no tiene dientes porque no los necesita. ¿Quién no ve que la figura del oso hormiguero se refiere a los térmites como un acto de voluntad a su motivo? Hay en el oso hormiguero una contradicción tan sin ejemplo entre los poderosos brazos, provistos de fuertes garras, largas y encorvadas, y la total falta de mandíbulas para morder, que si sufriera alguna nueva revolución la tierra sería el hormiguero fósil un verdadero enigma para las generaciones futuras que no conociesen a los térmites. El cuello del ave es por lo regular, como el de los cuadrúpedos, tan largo como sus piernas, para poder alcanzar así en tierra su alimento; pero en las palmípedas es a menudo mucho más largo porque van a buscar, nadando, su alimento bajo la superficie del agua. He visto un colibrí cuyo pico era tan largo como el pájaro todo de cabeza a cola. Este colibrí iría, sin duda alguna, a buscar su pitanza a alguna profundidad, aunque sólo fuese la de un hondo cáliz de flor *(Cuvier, anat. comp.,* vol. IV, pág. 374), pues no se habría dado sin necesidad el lujo de semejante pico, cargando con todo su peso. Las aves de pantanos tienen patas desmesuradamente largas para poder vadear los charcos sin sumergirse ni mojarse, y conforme a ellas cuello y pico muy largos, este último fuerte o débil, según que tengan que triturar reptiles, peces o gusanos, a lo que corresponden siempre las vísceras, y por el contrario no tienen tales aves ni garras como las rapaces, ni membranas interdigitales como los patos, pues la *lex parsimoniae natu-*

rae no consiente órgano alguno superfluo. Esta ley, juntamente con aquella otra de que a ningún animal le falte un órgano que exija su género de vida, sino que todos, aun los más diversos, concuerden entre sí estando como calculados para un género de vida especialmente determinado, en el elemento en que viva su presa, para la persecución, victoria, trituración y digestión de ella, tales leyes son las que prueban que es el género de vida que el animal quería llevar para hallar su sustento el que determinó su estructura, y no la inversa; y que la cosa ha sucedido como si hubiese precedido a la estructura un conocimiento del género de vida y de sus condiciones externas, habiendo, en consecuencia, escogido cada animal su instrumento antes de encarnarse; no de otro modo que cuando un cazador, antes de salir, escoge, según el bosque que haya elegido, su equipo todo, escopeta, carga, pólvora, burjaca, cuchillo y vestido. No es que tire al jabalí porque lleva escopeta de fuerza, sino que ha tomado ésta y no la de pájaros porque salía a jabalís; y el toro no embiste porque tiene cuernos, sino que tiene cuernos porque quiere embestir. Viene a completar la prueba el hecho de que en muchos animales, mientras están todavía en el crecimiento, se manifiesta la aspiración volitiva a que ha de servir un miembro, precediendo así su uso a su existencia. Así es que cornean los corderos, los cabritos y los terneros con la cabeza, tan sólo, antes de tener cuernos; el jabato dirige golpes a derecha e izquierda en torno de sí cuando todavía le faltan los colmillos que responden al efecto apetecido, no sirviéndose, por el contrario, de los pequeños dientes que tiene ya en la mandíbula y con los que podría morder. Así es que su modo de defensa no se dirige según las armas que posee, sino a la inversa. Esto lo notó ya Galeno *(De usu partium anim.* I, 1) y antes que él Lucrecio (V, 1.032-1.039), y de aquí obtenemos la certeza completa de que no es que la voluntad, cual algo adventicio, surgido tal vez de la inteligencia, aproveche los instrumentos con que se encuentra ya desde luego usando de las partes por encontrarse allí con ellas y no con otras, sino que lo primero y originario es el esfuerzo por vivir de esa manera, por luchar de tal modo y no de otro, esfuerzo que se manifiesta no sólo en el uso, sino también en la existencia de las armas, y tanto más cuanto que aquél precede a menudo a ésta, indicándonos así que las armas se producen porque existe el esfuerzo y no la inversa. Es lo que sucede con toda parte en general. Ya Aristóteles expresó esto al decir de los insectos armados de aguijón que «tienen arma porque tienen ira» *(De part. animal.* IV, 6), y en otro pasaje: «La Naturaleza hace los órganos para el oficio y no éste para aquéllos». El resultado final es que todo animal se ha hecho su estructura conforme a su voluntad.

Con tal evidencia se impone esta verdad al zoólogo y al anatómico pensadores, que si no ha depurado éste su espíritu por una más profunda filosofía, puede verse arrastrado a extraños errores. Tal ha sucedido en realidad a un zoólogo de primera fila, el inolvidable Lamarck, que ha logrado mérito inmortal por el descubrimiento de la tan profunda división de los animales en vertebrados e invertebrados. En su *Philosophie zoologique,* vol. I, c. 7, y en su *Hist. nat. des animaux sans vertébres,* vol. I, introd. págs. 180-212, afirma con toda seriedad, esforzándose por probarlo prolijamente, que la figura, las armas peculiares y los órganos de toda clase que obran hacia afuera en cada especie de animal no existían en el origen de la especie, sino que *han nacido* a consecuencia de los esfuerzos voluntarios del animal, provocados por la constitución de su ambiente, por sus propios esfuerzos repetidos, y los hábitos que de ellos brotan, y que han nacido en el curso del tiempo y gracias a la generación. Así –dice– han conseguido membranas interdigitales las aves y los mamíferos nadadores, porque extendían sus dedos para nadar; las aves de pantano se hallaron con largas patas y cuello largo a consecuencia de vadear pantanos; las bestias cornudas se encontraron por primera vez con cuernos porque, a falta de buenas dentelladas, sólo podían pelear con la cabeza, y este género de lucha les crió los cuernos. El caracol estaba en su principio, como otros moluscos, sin cuernos; pero le nacieron tales por la necesidad de tantear los objetos circunstantes. El género todo felino recibió con el tiempo garras, de la necesidad de desgarrar la presa, y de la necesidad de manejarse en la marcha y no verse estorbado por ellas, la vaina en que las guarda y la movilidad de ellas. La jirafa, atenida al ramaje de altos árboles en el África seca y sin hierba, alargó sus patas delanteras y su cuello hasta lograr su extraña figura, de veinte pies de alto por delante. Y así, sigue haciendo nacer conforme al mismo principio una multitud de especies animales, sin echar de ver la patente objeción de que habrían sucumbido las especies en tales esfuerzos antes de que en el curso de innumerables generaciones hubiesen producido los órganos necesarios a su conservación, desapareciendo por falta de éstos. Tan ciego, pone una hipótesis preconcebida. Ha nacido aquí ésta, sin embargo, de una exacta y profunda concepción de la Naturaleza, es un error genial, que honra a su autor, a pesar del absurdo todo que en él radica. Lo que hay de verdadero en tal hipótesis es lo que, como naturalista, vio su autor, puesto que comprendió bien que es la voluntad del animal lo originario y lo que ha determinado su organización. Lo falso, por el contrario, hay que cargarlo, como culpa, a la cuenta de la atrasada condición de la metafísica en Francia, donde todavía dominan Locke y su sucesor Condillac, más endeble que él, y donde, por lo tanto, sigue tomándose al cuerpo como a cosa en sí, al tiempo y al espacio como cualidades de la cosa en sí, sin que haya allí penetrado aún la grande y fecunda doctrina de la idealidad del tiempo y del espacio, ni nada de lo que en ella va implícito. Y de aquí el que no pudiera concebir Lamarck la constitución de los seres de otro modo que en el tiempo por sucesión. La profunda influencia de Kant ha desterrado de Alemania errores de esa clase, así como la crasa y absurda atomística de los franceses y las edificantes consideraciones físico-teleológicas de los ingleses. ¡Tan beneficiosa y perseverante es la influencia de un gran espíritu aun sobre una nación que pudo abandonarle para seguir a fanfarrones y charlatanes! Mas nunca pudo ocurrírsele a Lamarck la idea de que la voluntad del animal, como cosa en sí, esté fuera del tiempo, pudiendo ser, en tal sentido, más originaria que el animal mismo. Pone primero, por lo tanto, al animal sin órganos decisivos; pero también sin decisivas tendencias, provisto meramente de percepción, que le enseña las circunstancias en que tiene que vivir, surgiendo de tal conocimiento sus tendencias, es decir, su voluntad y de ésta, por fin, sus órganos y su corporización determinada, con ayuda de la generación y en inmenso espacio de tiempo, por consiguiente. Si hubiera tenido ánimo para poder llegar hasta el fin, habría tenido que suponer un animal primitivo, que debería ser sin figura ni órganos, y el cual se habría transformado en las miríadas de especies de animales de toda clase, desde la mosca hasta el elefante, en virtud de circunstancias climatéricas y locales. Mas la verdad es que tal animal primitivo es *la voluntad de vivir,* siendo como tal, algo metafísico y no físico. Cada especie ha determinado su forma y organización por su voluntad propia y a la medida de las circunstancias en que quería vivir, mas no cual algo físico en el tiempo, sino como algo metafísico fuera del tiempo. La voluntad no ha brotado de la inteligencia existiendo ésta, con el animal todo, antes que se hallara la voluntad, como mero accidente, como algo secundario y aun terciario, sino que es la voluntad lo primario, la esencia en sí, y el animal su manifestación (mera representación en el intelecto consciente y en sus formas el tiempo y el espacio) animal provisto de todos los órganos que pide la voluntad para vivir en esas circunstancias especiales. A estos órganos pertenece también el intelecto, la inteligencia misma, estando acomodado, como los demás, al género de vida de cada animal; mientras que Lamarck hace nacer de él la voluntad.

Examínese las innumerables figuras de los animales para ver cómo no es, en todo caso, cada una de ellas nada más que la imagen de su voluntad, la expresión sensible de sus tendencias volitivas, que son las que forman su carácter. La diversidad de figuras no es más que el trasunto de la diversidad de caracteres. Los animales predatorios, enderezados a la lucha y el robo, se presentan con terribles fauces y con garras y fuertes músculos; su mirada penetra en lontananza, sobre todo cuando tienen que acechar su presa desde una altura en que se ciernan, como les sucede al águila y al cóndor. Los animales tímidos, que tienen voluntad de buscar su salvación no en la lucha, sino en la fuga, están provistos, en vez de armas, de patas ligeras y rápidas y de oído agudo. El más medroso de entre ellos, la liebre, ha provocado el notable alargamiento de sus orejas. Al exterior corresponde el interior; los carnívoros tienen intestinos cortos; los herbívoros los tienen largos, para un más lento proceso de asimilación; a fuerza muscular e irritabilidad grandes acompañan cual necesarias condiciones, una fuerte respiración y una rápida circulación sanguínea, representadas por órganos acomodados a ellas, no siendo posible una contradicción. Manifiéstase cada especial esfuerzo de la voluntad en una especial modificación de la figura, de donde resulta que *determina a la figura del perseguidor el lugar en que la presa habita;* si ésta se retira a elementos difícilmente accesibles, a escondidos rincones, en la noche y las tinieblas, toma el perseguidor la forma que a tal medio mejor cuadre, sin que haya ninguna tan grotesca que la voluntad no revista para lograr su fin. Debe el pico cruzado *(loxia curvirostra)* la enorme figura de su aparato masticador a que tiene que sacar las semillas de que se nutre de entre las escamas de la piña. Para buscar reptiles en los pantanos es para lo que tienen las zancudas su extraña figura, su largo cuello, sus largas patas y su largo pico. Para desenterrar térmites tiene el oso hormiguero los cuatro largos pies con piernas cortas, fuertes y largas garras y fauces pequeñas y desdentadas; pero provistas de una lengua viscosa y filiforme. Va el pelícano de pesca con una monstruosa bolsa bajo el pico para poder guardar en ella muchos peces. Para caer de noche sobre los durmientes, vuelan los búhos provistos de pupilas desmesuradamente grandes, que les permiten ver en la oscuridad, y con plumas enteramente blandas que, haciendo silencioso su vuelo, no despierten a los que duermen. El siluro, el gimnoto y el torpedo tienen un completo aparato eléctrico para atontar a la presa antes de alcanzarla, así como para defenderse de sus perseguidores. Donde alienta un viviente hay otro para devorarlo*, resultando cada uno de ellos como enderezado y dispuesto, hasta en lo más especial, para la aniquilación del otro. Así, v. gr., entre los insectos, los icneumones, atentos a la futura provisión para sus crías, ponen sus huevos en el cuerpo de ciertas orugas y larvas semejantes, a las que traspasan con su aguijón. Y se ha observado que los que se atienen a larvas que se arrastran libremente, tienen aguijones enteramente cortos, de $1/8$ de pulgada, mientras el *pimpla manifestator,* que se atiene a la *chelestoma maxillosa,* cuya larva se oculta en lo hondo de la madera, donde no puede aquél alcanzarla, tiene un aguijón de dos pulgadas, y casi tan largo lo tiene el *ichneu-*

---

* Comprendiendo esto y examinando los muchos fósiles de marsupiales de Australia, en parte muy grandes, iguales en tamaño al rinoceronte, llegó ya en 1842 R. Owen a la conclusión de que debía haber existido también allí un gran carnicero coetáneo; lo cual se ha confirmado más tarde hallándose en 1846 una parte del cráneo de un carnívoro del tamaño del león, al que se ha llamado *thilacolso,* esto es, león de bolsa, por ser también marsupial. *(N. del A.)*

mon strobillae, que pone sus huevos en larvas que viven en las piñas del pino, para lo cual atraviesan éstas hasta llegar a la larva, la pinchan y ponen en la herida un huevo, a cuyo producto alimenta después la larva. Y no menos claro se muestra en la armadura defensiva de los perseguidos la voluntad de éstos de evitar a los enemigos. El erizo y el puercoespín erizan todo un bosque de púas. Armados de pies a cabeza, impenetrables a los dientes, los picos y las garras, aparecen el armadillo, la tortuga y otros, y en pequeño la clase toda de los crustáceos. Han buscado otros su protección no en obstáculos físicos, sino en engañar al perseguidor; así el calamar se ha provisto del material necesario para producir una nube oscura, que esparce en su derredor en el momento del peligro; el perezoso se parece, hasta confundirse con ella, a una rama enmohecida; la pequeña rana verde a la hoja, e innumerables insectos al lugar de su residencia habitual; el piojo del negro es negro; nuestra pulga lo es también; pero ésta se ha abandonado a sus amplios e irregulares saltos, para lo que se ha dado el lujo de un aparato de fortaleza sin ejemplo. La anticipación que se actúa en todos estos medios podemos reducirla a la que en los instintos se nos muestra. La araña joven y la hormiga león no conocen todavía a la presa con que se encuentran por vez primera. Y lo mismo sucede con la defensiva: el insecto *bombex* mata, según Latreille, con su aguijón al *parnope,* aunque ni se lo come ni es por él comido, sino porque más tarde pone el segundo sus huevos en el nido del primero, impidiendo el desarrollo de los de éste, cosa que no la sabe todavía. Con tales anticipaciones se confirma una vez más la idealidad del tiempo, idealidad que

2. Anatomía comparada

surge en general siempre que de la voluntad como de la cosa en sí, se trata. En lo aquí tratado, así como en otros respectos, sírvense de mutua explicación los instintos del animal y las funciones fisiológicas, porque en ambos casos obra la voluntad sin conocimiento.

Así como con sendos órganos y armas, ya defensivas ya ofensivas, así también ha provisto la voluntad a cada forma animal con un *intelecto,* como medio para la conservación del individuo y de la especie, y de aquí el que los antiguos llamaran al intelecto *hegemónicos,* es decir, guía. Está, por consiguiente, determinado el intelecto no más que al servicio de la voluntad y acomodado en dondequiera a ella. Como los animales de presa no necesitan más, son más inteligentes que los herbívoros. Forman excepción el elefante y en cierto modo el caballo; pero la admirable inteligencia del elefante érale necesaria para poder cuidar de una más larga y segura conservación del individuo, dada la duración de su vida, de doscientos años, y su escasa proliferación, y esto en tierras en que pululan las fieras más voraces, más fuertes y más diestras. También el caballo tiene vida más larga y más escasa reproducción que los rumiantes, y como no está, además, provisto de cuernos ni de colmillos, ni de trompa, ni de arma alguna, más que en todo caso, de los cascos, necesitaba más inteligencia y mayor rapidez para escapar de sus perseguidores. La extraordinaria inteligencia de los monos érales también necesaria, en parte, porque con una duración de vida que llega, por término medio, hasta cincuenta años, tienen una escasa proliferación, no pariendo más que una cría de cada vez; pero sobre todo porque tienen *manos,* a las que tenía que preceder un entendimiento que supiera utilizarlas, y a cuyo uso se enderezan, tanto para defensa del animal, mediante armas exteriores, como palos, piedras y garrotes, como para su alimentación, que exige diversos medios artificiales, haciendo necesario en general un sistema de obtener la presa social y artístico, pasando las frutas robadas de mano en mano, estableciendo centinelas, etc. Añádase a esto que tal inteligencia es propia sobre todo de su juventud, como edad en que no se halla aún desarrollada la fuerza muscular. Así, por ejemplo, el joven pongo u orangután tiene en su juventud un cerebro relativamente más desarrollado y mucha mayor inteligencia que en la edad madura, en que ha alcanzado la fuerza muscular su gran desarrollo sustituyendo a la inteligencia, que se hunde no poco a consecuencia de ello. Lo mismo digo de todos los monos, mostrándose en ellos, por consiguiente, la inteligencia como supletoria de la futura fuerza muscular. Hállase expuesto prolijamente este proceso en el *Résumé des observations de Fr. Cuvier sur l'instinct et l'intelligence des animaux, par Flourens*, 1841. El pasaje de esta obra que aquí encaja, lo he reproducido ya en el tomo segundo de mi obra capital, al fin del capítulo 31, y no es cosa de repetirlo aquí. En general elévase gradualmente la inteligencia en los mamíferos, desde los roedores* a los rumiantes, de éstos a los paquidermos,

---

* Parece, por lo demás, que la baja posición en que a los roedores se les coloca, la deben más bien a consideraciones *a priori* que *a posteriori,* es, a saber, a que tienen circunvoluciones cerebrales pequeñas o débiles no más que exteriormente, circunstancia a que se ha dado sobrado valor. Las ovejas y las vacas las tienen numerosas y profundas y ¿qué inteligencia poseen? El castor, por el contrario, soporta su instinto con inteligen-

2. Anatomía comparada

de los paquidermos a los carniceros y, finalmente, de éstos a los cuadrumanos. Respondiendo a este dato de la observación externa, muéstranos la Anatomía el gradual desenvolvimiento del cerebro en el mismo orden (según Flourens y Fr. Cuvier). También, entre las aves, las carnívoras son las más astutas, habiendo algunas de éstas, sobre todo los halcones, que cabe adiestrarlas en alto grado. Entre los reptiles son los más inteligentes las serpientes, siendo las que se dejan adiestrar, porque son carniceras, y porque se reproducen más lentamente que los demás, sobre todo las venenosas. Lo mismo que con relación a las armas físicas hallamos también aquí a la voluntad, como lo *prius* y a su instrumento, el intelecto, como lo *posterius*. No van los carniceros de caza ni los zorros de robo porque tengan más entendimiento, sino que lo tienen mayor, así como fauces y garras más fuertes, porque quieren vivir de la caza y del robo. La zorra ha sustituido con una sobresaliente finura de entendimiento lo que le falta de fuerza muscular y de robustez de fauces. Especial ilustración de nuestra tesis nos la ofrece el caso del ave dudu, también dronte, *dudus ineptus,* de la isla Mauricio, cuya especie ha perecido y que, como lo indica ya su sobrenombre latino, era enteramente torpe, con lo que se explica su desaparición. Parece que la Naturaleza aquí, al perseguir su *lex parsimoniae,* se fue

cia; hasta los conejos muestran tenerla notable, acerca de lo cual puede verse, para más detalles, el hermoso libro de Leroy: *Lettres phil. sur l'intelligence des animaux, lettre* 3, p. 49. También las ratas dan pruebas de una inteligencia extraordinaria, notables ejemplos de lo cual se hallan reunidos en la *Quarterly Review,* núm. 201, enero a marzo de 1857, en un artículo firmado por un tal *Rats. (N. del A.)*

demasiado lejos, produciendo aquí en la especie, en cierto modo, lo que a menudo hace en el individuo, un monstruo que como tal no podría subsistir. Si en esta ocasión presentara alguien la objeción de si no podría haber comunicado la Naturaleza a los insectos por lo menos el entendimiento necesario para que no se precipiten a las llamas de una luz, contestaría a esto: es verdad, sólo que no le era conocido el que los hombres habrían de encender luces y *natura nihil agit frustra*. Así es que la inteligencia de los insectos no alcanza a un ambiente que no sea natural. El que los negros hayan caído de preferencia y en grande en la esclavitud, es evidentemente una consecuencia de tener menos inteligencia que las demás razas humanas, lo cual no justifica, sin embargo, el hecho.

Por dondequiera depende la inteligencia inmediatamente del sistema cerebral, estando éste en necesaria relación con el resto del organismo, de donde se deriva el que los animales de sangre fría estén muy por debajo de los de sangre caliente, y los invertebrados de los vertebrados. Pero precisamente el organismo no es más que la voluntad hecha sensible, la voluntad a la que, cual a lo absoluto primario, se reduce siempre todo. Sus necesidades y fines dan en cada una de sus manifestaciones la medida de los medios, debiendo concordar éstos unos con otros. La planta no tiene apercepción alguna, porque no tiene locomotividad, pues, ¿para qué habría de utilizar aquélla si no hubiera de poder en su consecuencia buscar lo provechoso y huir lo dañino? Y viceversa, no podría utilizar la locomotividad, no teniendo apercepción alguna para dirigirla. De aquí que no se presente en las plantas la inseparable diada de la sensibilidad y la irritabilidad, sino que dormitan en su fundamento, la potencia reproductiva, en que sólo se objetiva aquí la voluntad. El girasol, como toda planta, quiere la luz; pero su movimiento hacia él no está todavía separado de su percepción del mismo, coincidiendo ambos con su crecimiento. El entendimiento, tan superior en el hombre al de los demás animales, apóyase en él sobre la razón (capacidad de representaciones no intuidas, esto es, de conceptos: reflexión, pensamiento), mas sólo en relación, en parte a sus necesidades, que superando con mucho a las de los animales, aumentan hasta el infinito; en parte a su carencia total de armas naturales y de natural abierta y a su fuerza muscular relativamente más débil, como que cede mucho en esto a menos de su tamaño; en parte a su incapacidad para la huida, puesto que le alcanzarían en la carrera todos los mamíferos cuadrúpedos, y finalmente también a su lenta reproducción, larga infancia y larga vida, que exigen una más cuidadosa conservación del individuo. Todas estas grandes exigencias tenían que satisfacerse por fuerzas intelectuales, y de aquí el que sean éstas tan sobresalientes en el hombre. Pero en todas partes vemos al intelecto como lo secundario, lo subordinado, destinado no más que a servir a la voluntad. Fiel a este su destino, quédase, por lo regular, sujeto a la voluntad. El cómo, sin embargo, se desliga en casos dados de ésta, merced a una enorme preponderancia de la vida cerebral, y entrando en el conocer puramente objetivo, sube hasta el genio, cosa es que he mostrado en el libro tercero de mi obra capital, donde se trata de la estética, habiéndolo además ampliado en los *Parerga,* tomo II, págs. 50-57 y pár. 206.

Si ahora, después de todas estas consideraciones acerca de la concordancia entre la voluntad y la organización de cada animal, revistamos, desde este punto de vista, un bien ordenado gabinete osteológico, nos ocurrirá lo mismo que si viésemos en uno y el mismo ser (aquel primitivo organismo de Lamarck, y, más exactamente, la voluntad de vivir) cambiar la figura a medida de las circunstancias y producirse esa diversidad de formas con el mismo número de huesos que Geoffroy de Saint-Hilaire ha llamado alargamientos, acortamientos, robustecimientos o debilitaciones de ellos. Ese número y orden de huesos que Geoffroy de Saint-Hilaire ha llamado (*Principes de philosophie zoologique,* 1830) el *elemento anatómico,* permanece en esencia inalterado en la serie toda de los vertebrados, como el mismo Geoffroy de Saint-Hilaire nos lo ha probado; es una cantidad constante, algo dado de antemano, algo irrevocablemente estable, merced a una profunda necesidad; algo cuya inmutabilidad podría compararse a la permanencia de la materia bajo las alteraciones todas físicas y químicas. He de volver sobre esto. Únese a ello la gran mutabilidad, ductilidad y flexibilidad de esos mismos huesos, por lo que hace al tamaño, figura y fin de aplicación, viéndose determinados a éstos con originaria fuerza y libertad por la voluntad a medida de los fines que le prescriben las circunstancias externas, haciendo lo que la necesidad le pide en cada caso. Si quiere balancearse en los árboles como mono, agárrase al punto con cuatro manos a las ramas, extendiendo en longitud desmesurada el cúbito con el radio, alarga, a la vez, el hueso de la rabadilla en rabo prensil de vara de largo para poder colgarse de las ramas y columpiarse de unas en otras. Esos mismos huesos del brazo se acortan hasta hacerse imperceptibles cuando el animal se arrastra en el fango como cocodrilo, o nada como foca, o quiere excavar la tierra como topo, caso este último en que se le engruesan el metacarpo y las falanges hasta hacer de las extremidades anteriores unas palas desproporcionadamente grandes, a costa de los demás huesos. Si quiere cruzar los aires como murciélago, no sólo se le alargan de manera inaudita el húmero, el radio y el cúbito, sino que además el carpo, el metacarpo y las falanges, tan pequeños y subordinados en todo otro caso, extendiéndose como en la visión de San Antonio, hasta una longitud monstruosa que sobrepasa a la del cuerpo del animal, para que se tienda entre ellos la piel que ha de servirle de ala. Para poder ramonear en las copas de los altos árboles de África, establécese, como jirafa, sobre patas delanteras de una altura sin ejemplo; y en este mismo animal, las vértebras cervicales, siempre en invariable número de siete, vértebras apretadas en el topo hasta confundirse unas con otras, se alargan de manera que en él, como en todo otro animal, la largura del cuello iguala a la de las patas anteriores para que pueda bajar la cabeza a beber. Cuando se manifiesta como elefante, seríale imposible a un cuello largo soportar el peso de la cabeza cargada de enormes colmillos, macizos y larguísimos, y por esto le queda el cuello excepcionalmente corto, enviando a tierra, como ayuda, una trompa con que levanta alimentos y agua y alcanza a las copas de los árboles. En todas estas transformaciones vemos, de acuerdo con lo dicho, extenderse, desarrollarse, abovedarse a la vez el cráneo, que es el medio de la inteligencia, a medida que lo provoca el género más o menos difícil de mantenimiento de la vida, según que exija más o menos inteligencia. Para el ojo experimentado, las bóvedas del cráneo delatan el grado de inteligencia del animal.

Ese *elemento anatómico,* citado arriba como constante e inalterable, permanece siendo un enigma mientras no caiga dentro de la explicación teleológica, que se inicia después de esa hipótesis, puesto que en muchos casos el órgano requerido hubiera podido producirse tan adecuado a su fin con otro número y orden de huesos. Compréndese, v. gr., que esté formado el cráneo del hombre por ocho huesos para que puedan comprimirse en el nacimiento, gracias a las fontanelas; pero no se ve bien por qué ha de tener el mismo número de huesos craneanos el pollito que rompe el cascarón del huevo. Tenemos que suponer que este elemento anatómico reposa en parte en la unidad e identidad de la voluntad de vivir en general, dependiendo, además, de que las formas primitivas de los animales han surgido unas de otras *(Parerga,* tomo II, par. 91), teniendo que mantenerse el tipo fundamental del tronco todo. El elemento anatómico es lo que entiende Aristóteles por ἀναγκαῖα φύσις (naturaleza necesaria), llamando a la variabilidad de formas que adopta según los fines τὴν κατὰ λόγον φύσιν (la Naturaleza según razón), explicando así el que en las bestias de cuernos se haya gastado en éstos el material de los incisivos superiores, explicación muy bien dada, puesto que sólo los rumiantes no cornudos, el camello y el almizclero, tienen incisivos superiores que a todos los cornudos faltan.

Tanto la acomodación de la estructura a los fines y externas relaciones de vida del animal, tal cual aquí se ha

2. Anatomía comparada

mostrado en el esqueleto, cuanto la tan admirable adaptación y armonía en el instinto de su interioridad no se conciben, ni aun remotamente, por otra explicación o suposición que no sea la ya varias veces asentada verdad de que el cuerpo del animal no es más que su *voluntad misma,* considerada como representación, y por ello mostrada en el cerebro bajo las formas del espacio, del tiempo y de la causalidad, es decir, la mera sensibilización, la objetivación de la voluntad. Bajo esta presuposición tiene que conspirar todo en ella al último fin, la vida del animal. No puede hallarse en él nada inútil, nada superfluo, nada defectuoso, nada contrario a su fin, nada mezquino o imperfecto en su clase, sino que todo tiene que ser necesario, en cuanto lo sea y no más allá, puesto que aquí el maestro, la obra y el material son una sola y misma cosa. Y de aquí el que sea cada organismo una obra maestra exuberantemente acabada. Aquí no ha abrigado la voluntad primero el intento, conocido después el fin, y más tarde acomodado a él el medio y dominado el material, sino que su querer es también inmediatamente el fin e inmediatamente la consecución; no necesitaba de ningún medio extraño que tuviera que dominar antes; eran aquí uno y lo mismo querer, hacer y alcanzar. Por esto es por lo que se nos presenta el organismo como una maravilla, sin que quepa compararlo a obra alguna humana, artificiada por el entendimiento a la luz de una lámpara*.

---

* De aquí que la contemplación de cualquier figura animal nos ofrezca una integridad, unidad, perfección y estricta armonía de las partes todas, que tan por entero reposan sobre un pensamiento fundamental que, al contemplar aun la más peregrina figura a quien profundice en

La admiración que sentimos hacia la infinita perfección y la finalidad que en las obras de la Naturaleza existe, deriva en el fondo de que las consideramos en el mismo sentido que nuestras obras. Existe en éstas precisamente la voluntad para la obra, viniendo la obra misma en segundo lugar y mediando entre estos dos momentos otros dos más, que son: primero, el medio de la representación, extraño a la voluntad tomada en sí, y por el cual ésta pasa antes de actuarse; y segundo, la materia, aquí extraña a la obra activa, materia a que tiene que reducir una forma que le es extraña, resistiéndose aquélla porque pertenece ya a otra voluntad, a su constitución natural, a su *forma substantialis,* a la idea (platónica) que en ella se expresa, teniendo, por lo tanto, que ser violentada antes y resistiendo siempre en su interior, por muy dentro que pueda metérsele la forma artística. Muy de otro modo acontece con las obras de la Naturaleza, que no son, como las otras, manifestación mediata, sino inmediata de la voluntad. Obra en ellas la voluntad en su originalidad, ininte-

---

ella, ocúrresele al cabo que sea la única figura legítima y hasta posible, sin que pudiera darse otra forma de vida que no sea ésa. Y por esto descansa en la más profunda razón la expresión de «natural», cuando con ella denotamos que se comprende algo que es por sí, sin que necesite de otro. También a Goethe le impresionó esta unidad cuando contemplando en Venecia unos caracoles de mar y unos cangrejos, exclamó: «¡Qué preciosos y magníficos seres estos vivientes! ¡Cuán acomodados a su estado, cuán verdaderos, cuán *sientes!* (seyend)». Por esto no puede artista alguno imitar esas figuras si no las ha hecho durante muchos años objeto de su estudio penetrando en su sentido e inteligencia. De otro modo parece su obra labor de ebanistería; tiene, es cierto, todas las partes, pero les falta el lazo que las une y conexiona, el espíritu de la cosa, la idea que es la objetividad del originario acto volitivo, que se manifiesta como tal especie. *(N. del A.)*

ligentemente; no se enlazan la voluntad y la obra por representación alguna mediadora, sino que son una misma cosa. Y también es uno con ella la materia, por no ser ésta más que la mera sensibilización de la voluntad. Por esto hallamos aquí completamente compenetrada la materia de la forma, siendo más bien, de origen totalmente el mismo, convertibles una en una y una sola cosa las dos, por lo tanto. El que las separemos también aquí como en la obra de arte, es una mera abstracción. La pura materia, absolutamente informe y sin constitución alguna que concebimos como material de los productos naturales, no es más que un ente de razón, que no se nos presenta en experiencia. El material de la obra de arte es, por el contrario, la materia empírica, informada ya. Identidad de materia y forma es el carácter del producto natural, diversidad entre ambas, el del producto artístico*. Y porque en el producto natural la materia no es más que la visibilidad de la forma, vemos también aparecer empíricamente la forma cual mera criatura de la materia, brotando del interior de ella, en la cristalización y en la *generatio aequivoca,* vegetal y animal, de que no hay que dudar, por lo menos en los epizoos**. Sobre esta base cabe también suponer que en ninguna parte, en ningún planeta o satélite se dé la materia en estado de inacaba-

---

* Es una gran verdad lo que expresa Bruno (*De Immenso et innumerabilibus,* 8, 10), al decir que: «El arte trata materia ajena, la Naturaleza materia propia. El arte es en torno a la materia; la Naturaleza interíor a ella». Y aún más extensamente trata *della causa* en los *Diálogos,* 3. En otro pasaje explica la *forma substantialis* como la forma de todo producto natural, que es lo mismo que el *alma. (N. del A.)*
** Así se justifica el dicho de la escolástica: *materia appetit formam. (N. de A.)*

ble reposo, sino que las fuerzas insidentes en ella (esto es, la voluntad, cuya mera sensibilización es) deben poner constantemente fin al reposo que sobrevenga, despertándole sin cesar de su sueño, para que de nuevo recomience su juego cual fuerzas mecánicas, físicas, químicas y orgánicas, acechando la ocasión aquella.

Si queremos comprender la acción de la Naturaleza, no hemos de intentar conseguirlo por comparación con nuestras obras. La verdadera esencia de cada figura animal es un acto volitivo fuera de la representación, y, por consiguiente, fuera también de sus formas el tiempo y el espacio, un acto volitivo que no conoce, por lo tanto, ni sucesión ni coexistencia, sino que tiene unidad indivisible. Mas si nuestra comprensión cerebral agarra a aquella figura y diseca su interior el escalpelo anatómico, sale a luz la inteligencia, que en sí y originariamente es extraña a aquélla y a sus leyes, teniendo que manifestarse a ella según sus formas y leyes; la originaria unidad e indivisibilidad de cada acto volitivo, de esta verdadera esencia metafísica, aparece distribuida en una coexistencia de partes y sucesión de funciones que se manifiestan, sin embargo, cual enlazadas en estrechísima relación unas con otras, en mutua ayuda y recíproco soporte, como medio y fin. El entendimiento que así lo ve cae en admiración por el profundo orden de las partes y por la combinación de las funciones; porque sustituye involuntariamente al nacimiento de esa forma animal el modo cómo él se ha dado cuenta de la originaria unidad que se restablece saliendo de la pluralidad (que había producido antes su forma intelectual). Éste es el sentido de la gran doctrina de Kant, de que la finalidad fue primeramente traída a la Naturaleza por el entendimiento, que se asombra luego como de una maravilla de lo que él mismo ha creado. Sucédele en esto –si es que cabe explicar cosa tan elevada con una explicación trivial– como cuando se asombra de que todos los múltiplos de 9 den por adición de sus cifras el número 9 o un número la suma de cuyas cifras sea 9, siendo así que se ha preparado la maravilla con el sistema decimal. El argumento físico-teleológico hace preceder la existencia del mundo en un entendimiento a su existencia real y dice: si el mundo ha de estar acomodado a un fin, ha de ser final, tenía que existir en un entendimiento antes de ser hecho. Pero yo digo, con sentido kantiano: si ha de haber mundo, representación, tiene que manifestarse como algo final, teleológico, y esto es lo que ante todo entra en nuestro intelecto.

Síguese de mi doctrina que todo ser es obra de sí mismo. La Naturaleza, que jamás puede sentir, siendo ingenua como el genio, dice lo mismo, puesto que cada ser no hace más que encender la chispa de vida en otro, en su semejante, haciéndose en seguida a nuestros ojos, tomando para ello de fuera el material, de sí mismo la forma y el movimiento, a lo que se llama crecimiento y desarrollo. Así es como hasta empíricamente se nos presenta todo ser cual su propia obra. Pero no se entiende el lenguaje de la Naturaleza porque es demasiado sencillo.

3. Fisiología vegetal

Las confirmaciones que acerca de la manifestación de la voluntad en las plantas voy a aducir proceden, sobre todo, de franceses, gente que tiene una decidida dirección empírica sin que se salgan de grado ni un paso de lo inmediatamente dado en la experiencia. Fue el informador Cuvier quien, por su tenaz persistencia en lo puramente empírico, dio ocasión a la famosa discusión entre él y Geoffroy de Saint-Hilaire. No hemos de maravillarnos, pues, de no encontrarnos aquí con un lenguaje tan decisivo como el de los ya citados testimonios alemanes. Veremos que toda confesión se hace con cautelosas reservas.

En la página 245 de su *Histoire des progrès des sciences naturelles depuis 1789 jusqu'a ce jour,* vol. I, 1826, dice Cuvier: «Tienen las plantas ciertos movimientos, al parecer espontáneos, que se manifiestan en circunstancias dadas, siendo a las veces tan semejantes a los de los animales, que se podría muy bien atribuir a las plantas, a causa de ellos, una especie de sensación y *voluntad,* a lo que se hallarían dispuestos más que nadie los que quieren ver algo semejante en los movimientos de las partes *internas* del animal. Las copas de los árboles tienden de continuo a la posición vertical, no siendo si se dirigen a la luz; sus raíces van hacia la buena tierra y la humedad, abandonando, para hallarlas, el camino derecho. No cabe explicar estas diversas direcciones por el influjo de causas externas, si no se admite también una disposición interna capaz de ser excitada y diferente de la simple actividad de los cuerpos orgánicos... Decandolle ha llevado a cabo notables ensayos que le han mostrado en las plantas una especie de hábito, vencido al cabo de cierto tiempo mediante iluminación artificial. Plantas encerradas en una cámara iluminada de continuo por una lámpara, no por eso cesaban en los primeros días de cerrarse al llegar la noche y de abrirse por la mañana. Y hay otros hábitos también que pueden tomar y dejar las plantas. Las flores que se cierran con tiempo húmedo, si dura éste largo tiempo, permanecen al fin abiertas. Cuando Desfontaines llevaba consigo una sensitiva en el coche recogíase aquélla en un principio por la trepidación del vehículo; pero volvía al cabo a extenderse como si estuviese en completa quietud. Así es que aquí obran la luz, la humedad, etc., cual mera fuerza de una disposición interna, que cabe suprimir o modificar por el ejercicio de tal actividad, estando sujeta la fuerza vital de las plantas, como la de los animales, a la fatiga y al agotamiento. El *hedysarum gyrans* se distingue especialmente por los movimientos que hace con sus hojas noche y día, sin necesitar para ello ocasión alguna; y si es que acaso hay en el reino vegetal una manifestación que pueda engañarnos recordándonos los movimientos voluntarios de los animales, es, seguramente, la citada planta. La han descrito prolijamente Droussonet, Silvestre, Cels y Halle, demostrando que su actividad no depende más que del buen estado de la planta».

En el tomo III de la misma obra (1828), pág. 106, dice Cuvier: «Dutrochet añade consideraciones fisiológicas sacadas de ensayos que por sí mismo ha verificado, y que prueban, a su parecer, que los movimientos de las plantas son espontáneos, esto es, dependientes de un principio interno que recibe inmediatamente el influjo de agentes exteriores. Y como siente escrúpulo en atribuir sensibilidad a las plantas, emplea en vez de esa palabra la de nervimotilidad». Tengo que hacer notar aquí que lo que entendemos por el concepto de *espontaneidad,* si se examina de cerca, surge siempre de manifestación de la voluntad, de la que no es, por lo demás, más que un sinónimo. La única diferencia estriba en que el concepto de espontaneidad se saca de la intuición externa, y el de voluntad de nuestra propia conciencia. Notable ejemplo del poder del impulso de esta espontaneidad, aun en las plantas, nos ofrece el *Cheltenham caminer,* ejemplo repetido en el *Times* del 2 de junio de 1841: «El jueves último llevaron a cabo en una de nuestras calles más concurridas una hazaña de género enteramente nuevo, tres o cuatro grandes hongos que en sus vehementes esfuerzos por brotar al mundo visible levantaron una gran losa».

En la pág. 171 de las *Mémoires de l'academie des sciences de l'anée 1821,* vol. 5, París, 1826, dice Cuvier: «Siglos hace que investigan los botánicos el porqué un grano germinativo, póngasele en la posición en que se le ponga, emite siempre las raíces hacia abajo y hacia arriba el tallo. Se ha atribuido esto a la humedad, al aire, a la luz, sin que ninguna de estas causas lo explique. El Sr. Dutrochet ha colocado granos de semilla en agujeros que se habían abierto en el suelo de una vasija cubierta de tierra húmeda, colgando ésta de la viga de un cuarto. Creeríase que había que salir el tallo hacia abajo; pero no sucedió así, sino que bajaron las raíces al aire y el tallo se alargó a través de la tierra húmeda hasta que hubo atravesado su superficie superior. Según el Sr. Dutrochet, toman las plantas su dirección en virtud de un principio interno y de ninguna manera por atracción de los cuerpos hacia que se dirigen. Asegurose un grano de muérdago en la punta de una aguja completamente movible sobre un tapón y se le llevó a un sitio en cuya cercanía había una tabla; el grano dirigió sus raíces hacia ésta y la alcanzó en cinco días sin que la aguja se hubiera movido lo más mínimo. Colocados en lugares oscuros los tallos de cebolla y ajo con sus bulbos, dirígense, aunque lentamente, hacia la claridad; metidos en agua dirígense hacia arriba; lo cual prueba suficientemente que ni el aire ni la humedad les dan dirección». C. H. Schultz en su trabajo, premiado por la Academia de Ciencias en 1839, sobre la circulación de las plantas, dice que ha hecho germinar semillas en una caja oscura con agujeros abajo y que mediante un espejo que reflejaba la luz del sol, hizo que las plantas brotaran en dirección inversa, el tallo hacia abajo y las raíces hacia arriba.

En el *Dictionnaire des sciences naturelles,* artículo *Animal,* se dice: «Así como los animales muestran apetitos en la busca de alimentos, y en la selección de éstos facultades discernientes, así se ve a las raíces de las plantas tomar dirección del lado en que la tierra es más jugosa, y buscar hasta en las rocas las más pequeñas hendiduras que puedan contener algo de alimento; sus hojas y ramas se dirigen cuidadosamente hacia el lado en que hallan más aire y más luz. Si se encorva una rama de manera que quede hacia abajo la superficie superior de sus hojas, retuercen éstas su pedículo para retornar a la posición más favorable para el ejercicio de sus funciones (es decir, con el lado lustroso hacia arriba). ¿Se sabe de seguro que se verifique esto sin conciencia?».

F. I. F. Meyen[18], que ha dedicado un capítulo extenso al objeto de nuestras preferentes consideraciones en el tomo III de su *Nuevo sistema de fisiología de las plantas,* 1839, capítulo titulado «De los movimientos y sensibilidad de las plantas», dice lo mismo. En la página 585 dice, en efecto, lo siguiente: «Se ve no raras veces que las patatas guardadas en cámaras profundas y oscuras, hacia el verano emiten tallos que se dirigen siempre a las aberturas por donde entra la luz en el aposento, creciendo de continuo hasta alcanzar el lugar inmediatamente iluminado. Se ha visto semejantes tallos de patatas de veinte pies de largo, siendo así que estas plantas, aun en circunstancias favorables, apenas emiten, por lo demás, tallos de más de tres o cuatro pies. Es interesante observar despacio el camino que toma el tallo de una patata que crece así en la oscuridad hasta alcanzar, por fin, la luz. El tallo intenta acercarse a la luz por el camino más corto,

---

18. Meyen, Franz Julius Ferdinand (1804-1840), botánico alemán.

mas como quiera que no es lo bastante fuerte para crecer sin soporte, en sentido transversal, por el aire, cae al suelo y se arrastra de este modo hasta la pared más próxima, por la que sube en seguida». Este mismo botánico, en otro pasaje, pág. 576, se ve conducido por los hechos que expone, a decir que «si consideramos los movimientos libres de las oscilatorias y otras plantas inferiores, no queda otro recurso que el de atribuir una especie de *voluntad* a estas criaturas».

Claro ejemplo de manifestación volitiva en las plantas nos dan las trepadoras, que cuando no tienen cerca algún rodrigón a que agarrarse, dirigen su crecimiento, buscándolo, hacia el lugar más sombrío siempre, tal vez a un pedazo de papel de color oscuro, hállese donde se halle, huyendo, por el contrario, del cristal, porque brilla. Excelentes experiencias de ello, sobre todo con la *ampelopsis quiquefolia,* nos presenta Ths. Andrew Knight en las *Philosophical Transactions, of 1812,* que se hallan traducidas al francés en la *Bibliothèque Britannique, section sciences et arts,* vol. 52, si bien, por su parte, se esfuerza en explicar la cosa mecánicamente, sin querer conceder que sea una manifestación volitiva. Invoco sus experimentos, no su juicio. Hay que plantar en derredor de un tronco muchas plantas trepadoras sin apoyo alguno y ver si se arrastran todas centrípetamente hacia aquél. Acerca de este asunto presentó Dutrochet, el 6 de noviembre de 1843, en la Academia de Ciencias de París, un ensayo *sobre los movimientos revolutivos espontáneos en los vegetales,* ensayo que, a pesar de su gran prolijidad, es muy digno de leerse, hallándose impreso en el *compte rendu* de ciencias de la Academia, cuaderno de noviembre de 1843. El resultado es que en el *pisum sativum*, guisante verde, en la *bryonia alba* y en el *cucumis sativus* o cohombro, los tallos-hojas que llevan los zarcillos describen en el aire un movimiento circular muy lento, movimiento que, según la temperatura, cumple una elipse en cosa de una a tres horas, buscando con él la planta al azar los cuerpos firmes a que se enrosca el zarcillo cuando los encuentra y que la sostienen, ya que no puede tenerse en pie por sí misma. Hace, pues, aunque mucho más lentamente, lo mismo que las orugas sin ojos, que describen en el aire círculos con la parte anterior del cuerpo, buscando una hoja. En el citado ensayo aduce Dutrochet otros casos de movimientos de las plantas, como, por ejemplo, que el *stylidium graminifolium,* de Nueva Holanda, tiene en medio de la corola una columna que sustenta las antenas y estigma, inclinándolos alternativamente y enderezándolos de nuevo. Esto es análogo a lo que trae Treviranus en su libro *Los fenómenos y leyes de la vida orgánica,* tomo I, pág. 173, en que dice: «Que en la *parnassia palustris* y la *ruta graveolens,* inclínanse los estambres en el uno tras el otro, y en la *saxifraga tridactylites* por parejas hacia el pistilo, enderezándose de nuevo en el mismo orden». Acerca del precedente objeto, dícese, en pocas palabras, lo mismo: «Los más generales de los movimientos vegetales que parecen ser voluntarios, son la atracción de las ramas y de la superficie superior de las hojas hacia la luz y el calor húmedo, y el enroscarse las plantas trepadoras en derredor de un soporte. En esta última manifestación, sobre todo, muéstrase algo parecido a los movimientos de los animales. Las plantas trepadoras, abandonadas a sí mismas, describen, mientras crecen, círculos con el extremo de las ramas, alcanzando, merced a esto, a algún objeto que se halle en su cercanía. Pero no es causa alguna meramente mecánica la que les mueve a acomodar su crecimiento a la figura del objeto a que alcanzan. La *cuscuta* no se enreda en derredor de rodrigones de cualquier clase, no de partes animales, cuerpos muertos vegetales, metales y otras materias inorgánicas, sino sólo ciñéndose a plantas vivas, y ni siquiera en derredor de las de cualquier clase. No se ciñe, por ejemplo, al musgo, sino a aquellas plantas de que pueda sacar con sus papilas alimento adecuado, siendo atraído a distancia por ellas». Brandis, en la pág. 88 de su obra *Sobre la vida y la polaridad,* dice que: «Las raíces de las plantas de roca buscan el humus que ha de nutrirlas en las más finas hendiduras de las rocas. Las raíces de las plantas se enroscan en derredor a un nutritivo hueso en compactos grupos. He visto una raíz cuyo ulterior crecimiento en la tierra estaba impedido por una vieja suela de zapato; dividiose en tan numerosos filamentos como agujeros tenía la suela, con los que había sido anteriormente cosida, y una vez que hubieron vencido esos filamentos el obstáculo, creciendo por los agujeros, volvieron a reunirse en un cuerpo de raíz». En la pág. 87, dice: «Si se confirman las observaciones de Sprengel resultará que perciben (las plantas) relaciones de medio para alcanzar ese fin (la fructificación), los estambres de la *nigella* se doblan para depositar su polen en la espalda de las abejas, y dóblanse después del mismo modo los pistilos para tomarlo de esas mismas espaldas». Muy especial para el asunto de que tratamos es la siguiente observación comunicada en el *Farmer's Maga-*

zine y reproducida bajo el título de *Vegetable instinct* en el *Times* del 13 de julio de 1848: «Si se coloca una vasija con agua dentro de la distancia de seis pulgadas a un lado cualquiera de una calabaza joven o del gran guisante de jardín, el tallo de estas plantas se irá acercando durante la noche a la vasija hallándosele a la mañana con una de sus hojas sumergida en el agua. Puede proseguirse este ensayo todas las noches, hasta que la planta empiece a dar fruto. Si se coloca una estaca dentro de la distancia de seis pulgadas cerca de un *convolvus*, la encontrará, aunque se cambie a diario la posición de la estaca. Si se ha enroscado en derredor de ésta una porción de la planta y se la desenrosca para ceñirla en dirección opuesta, volverá a su posición primitiva o perderá la vida en los esfuerzos por lograrlo. Y sin embargo, si crecen dos de estas plantas, la una cerca de la otra, sin apoyo a que ceñirse, cambiará una de ellas la dirección de la espiral enroscándose una en otra. Duhamel ponía algunas habichuelas en un cilindro lleno de tierra húmeda; al poco tiempo empezaban a germinar, emitiendo, como es natural, la *plumula* hacia arriba, a la luz, y la *radicula* hacia abajo, al suelo. A los pocos días dábase al cilindro una vuelta de cuarto de circunferencia y así poco a poco hasta darle la vuelta entera. Cogíase entonces las habichuelas de tierra y se veía que tanto la *plumula* como la *radicula* se habían doblado a cada vuelta del cilindro para acomodarse a ella, tendiendo la una hacia arriba y hacia abajo la otra, ambas verticalmente, con lo que habían formado una espiral completa. Mas aunque la natural tendencia de las raíces es hacia abajo, si el suelo que debajo tienen está seco, y hay por acaso una sustancia húmeda más alta, suben hasta alcanzarla».

En las *Noticias,* de Froriep, año de 1833, núm. 832, hay un corto artículo acerca de la locomotividad de las plantas. Plantas colocadas en una tierra mala cercana a otra buena envían a éstas una rama, tras de lo cual se seca la planta originaria, prendiendo la rama que se extiende y se hace planta completa. Por este procedimiento es como trepa una planta un muro.

En el mismo periódico, año 1835, núm. 981, se halla la traducción de una comunicación del profesor Daubery, de Oxford (del *Edinburgh New Philos. Journ.* Apr.-Jul. 1835), que mediante experimentos nuevos y muy cuidadosos, puso fuera de duda que las raíces de las plantas, por lo menos hasta cierto grado, tienen la facultad de elegir entre los materiales térreos ofrecidos a su superficie.

Aquí encaja, finalmente, una muy distinta explicación que da el académico francés Babinet, en un artículo acerca de las estaciones en los planetas, que se halla en la *Revue des Deux Mondes* del 15 de enero de 1856, explicación de que voy a traducir aquí lo esencial. El intento del trabajo es propiamente el de reducir a sus más próximas causas el conocido hecho de que los cereales no se extienden más que por los climas templados. «Si el trigo no tuviera que morir necesariamente en el invierno, sino que fuese planta perenne, no espigaría, y por lo tanto, no daría semilla. En los países cálidos de África, Asia y América, en que no hay invierno alguno que mate a los cereales, duran sus plantas tanto como entre nosotros la hierba; acreciéntase por brotes, quedando siempre verde y no forma ni espigas ni simiente. En los climas fríos, por el contrario, parece que el organismo de la planta presiente *por un inconcebible milagro* la necesidad de pasar por el estado de grano para no perecer completamente durante la estación rigurosa. De análoga manera en las tierras tropicales, por ejemplo, en Jamaica, producen trigo aquellas regiones que tienen estación seca, es decir, una época del año en que se secan las plantas todas; porque allí las plantas, merced al mismo *presentimiento orgánico,* apresúranse, al aproximarse la estación en que habrían de secarse, a dar simiente para reproducirse.» En el presentado por el autor como inconcebible milagro, reconocemos una manifestación que la voluntad de la planta en su más elevada potencia, en cuanto aparece cual voluntad de la especie, tomando, como en los instintos de varios animales, disposiciones para el porvenir, sin que le guíe a ello conocimiento alguno. Vemos aquí que en los climas cálidos se dispensa la planta de minuciosos preparativos a que sólo la frialdad del clima le había provocado. Exactamente lo mismo hacen, en casos análogos, los animales, y, entre ellos las abejas, de las que cuenta Leroy[19], en su notable libro *Lettres philosophiques sur l'intelligence des animaux* (carta 3, pág. 231), que llevadas a la América del Sur en los primeros años, recolectan miel, como en su patria, edificando celdillas; mas una vez que se dan cuenta de que allí florecen las plantas todo el año, se ahorran tal trabajo. El reino animal nos ofrece un hecho análogo a ese cambio en la ma-

---

19. Leroy, Charles-Georges (1723-1789), filósofo ilustrado francés, próximo a Helvecio en cuanto al contenido filosófico de sus doctrinas; colaboró en la *Enciclopedia.*

nera de reproducirse el trigo en los *afidios,* famosos ya de antaño, a causa de su anómala reproducción. Sabido es, en efecto, que éstos se reproducen durante diez o doce generaciones, sin fecundación, por una especie de descendencia ovovivípara. Así sucede durante el verano todo; pero en el otoño aparecen los machos, cúmplese la cópula y ponen las hembras huevos que son como cuartel de invierno de la especie, ya que sólo en tal forma puede ésta trasponerlo.

No quiero dejar pasar inadvertido, por último, que ya Platón atribuyó a las plantas deseos, ἐπιθυμίας, es decir, voluntad. Presenté ya las doctrinas de los antiguos acerca de este punto en el tomo II de mi obra capital, cap. 23, que ha de tomarse cual ampliación del presente.

Las reservas y vacilaciones con que vemos que proceden los mencionados escritores para reconocer a las plantas una voluntad que se les anuncia empíricamente, resultan de que están preocupados con la vieja opinión de que la conciencia es requisito y condición de la voluntad, siendo evidente que carecen de conciencia las plantas. No se les ha ocurrido que la voluntad sea lo primario e independiente, por lo tanto, del conocimiento, con el que entra como con algo secundario, en la conciencia. Del conocimiento o representación no tienen las plantas más que un análogo o sustituto; pero en cuanto a la voluntad tienen la efectiva y por completo inmediata, puesto que ella, como la cosa en sí que es, es el sustrato de su fenomenalidad, como de cualquier otra. Procediendo realísticamente y partiendo, por consiguiente, de lo objetivo, cabe decir que lo que vive y obra en la naturaleza vegetal, lo mismo que en el organismo animal, una vez que, subiendo en la escala de los seres, ha llegado al punto en que cae sobre él inmediatamente la luz del conocer, preséntase, en la conciencia que le nace entonces, cual voluntad, siendo aquí reconocida más inmediatamente, y, por lo tanto, mejor que en parte alguna, reconocimiento que debe darnos la clave para la inteligencia de todos los seres colocados más bajos en la escala. En él no está la cosa en sí velada por ninguna otra forma más que por la más inmediata percepción, y esta percepción inmediata del propio querer es lo que se ha llamado sentido interno. La voluntad en sí no es perceptible, y como no perceptible queda en el reino inorgánico y en el vegetal. Así como el mundo se quedaría a oscuras a pesar del sol, si no hubiera en él cuerpo alguno para reflejar su luz, y así como la vibración de una cuerda necesita del aire y hasta de un cuerpo de resonancia para dar sonido, así la voluntad no cobra conciencia de sí hasta que aparece la inteligencia, que es el cuerpo de resonancia de la voluntad, y a la vez el tono de la conciencia que de ella nace. Este llegar a hacerse conciencia de sí misma la voluntad se ha atribuido el llamado sentido interno, por ser éste nuestro conocimiento primero e inmediato. El objeto de este sentido interno no pueden ser más que las más diversas excitaciones de la propia voluntad, pues el representarse no puede percibirse a sí mismo, sino a lo sumo en la reflexión racional, esta segunda potencia de representación, viniendo así a las veces, *in abstracto,* a conciencia. De aquí, pues, el que el simple representarse (la intuición) guarde con el pensar propiamente tal, es decir, con el conocer por conceptos abstractos, la misma relación que el querer en sí con la apercepción de este querer, es decir, con la conciencia. Aparece, por lo tanto, conciencia enteramente clara y neta de la existencia tanto propia como ajena, con la razón (facultad de los conceptos), facultad que eleva al hombre tan sobre el animal como a éste le pone sobre la planta su representación meramente intuitiva. Ahora bien; a lo que, como la planta, no posee facultad alguna de representación, lo llamamos inconsciente, concibiéndolo cual poco diverso de lo no existente, ya que no tiene propiamente su existencia más que en conciencia ajena, cual representación de ésta. No le falta, sin embargo, lo primario para la existencia, la voluntad, sino tan sólo lo secundario; pero nos parece que lo primario, que es el ser de la cosa en sí, sin lo secundario se reduce a nada. No sabemos distinguir inmediatamente con claridad un ser inconsciente del no ser, aunque el sueño profundo nos da propia experiencia de ello.

Si recordamos lo que queda expuesto en lo precedente de que el entendimiento, como todo otro órgano, no aparece en los animales más que para ayuda de la conservación de éstos, guardando relación en la innumerable escala de ellos, con las necesidades de cada especie animal, comprenderemos que la planta, que tiene muchas menos necesidades que el animal, no necesita ya de inteligencia alguna. Por esto es por lo que, como he dicho ya, el verdadero carácter de la animalidad, el que señala sus límites esenciales, es el conocimiento, a causa del movimiento condicionado por él según motivos, donde la animalidad concluye desaparece el conocimiento propiamente dicho, cuya esencia nos es tan conocida por experiencia propia, sin que podamos formarnos idea

3. Fisiología vegetal

desde este punto de la influencia del mundo exterior sobre los movimientos del ser, más que por analogía. Por el contrario, siempre y en donde quiera permanece uno y lo mismo la voluntad, que hemos reconocido ser la base y núcleo del ser. En los más bajos escalones del reino vegetal, así como en la vida de los organismos animales de vida vegetativa, cual medio de determinarse la voluntad dondequiera existente y cual intermediaria entre el mundo exterior y las alteraciones de tal ser, ocupa la *excitación (Reiz)* el lugar del conocimiento, y con la excitación la influencia física en general de lo inorgánico, excitación que si se la examina, como aquí, desde arriba, aparece cual sustitutivo de la inteligencia, y, por lo tanto, como mero análogo de ésta. No podemos decir que las plantas perciban propiamente la luz y el sol; pero vemos que buscan de diferentes modos su presencia o ausencia, que se dirigen hacia ellos o los evitan, y aun cuando coincide por lo común ese movimiento con el de su crecimiento, como la rotación de la luna con su revolución, no por eso existe menos, como sucede en la rotación lunar, estando determinada y según plan modificado por la luz, la dirección de aquel crecer, lo mismo que un acto por un motivo, y en las plantas trepadoras y que se agarran por el rodrigón que tenga cerca, por su lugar y por su figura.

Dado que las plantas tienen en general necesidades, si bien no tales que exijan el lujo de un sensorio y un intelecto, debe ocupar el lugar de éstos algo análogo, para poner a la voluntad en disposición de acogerse por lo menos a la satisfacción que se le ofrece, ya que no de buscarla. Tal es la receptividad para la *excitación,* cuya diferencia de la inteligencia podría expresar diciendo que en la inteligencia *quedan claramente separados uno de otro* el motivo que se ofrece cual representación y el acto volitivo que le sigue, y tanto más claramente separados cuanto más perfecto sea el intelecto, mientras que en la mera receptividad para la excitación no cabe distinguir la recepción del excitante del querer por éste provocado, fundiéndose ambos procesos en uno solo. En la naturaleza inorgánica, por último, cesa hasta la receptividad a la excitación, cuya analogía con la inteligencia no cabe desconocer, quedando en ella la especial reacción de cada cuerpo a especiales influencias, mostrándose también ésta cual sustituto de la inteligencia para nuestro examen de marcha en orden descendiente de arriba abajo. Si el cuerpo reacciona diversamente, debe ser diversa la influencia y provocar en él una diversa afección, que tiene todavía una remota analogía con la inteligencia, aun dentro de su tosquedad. Si, por ejemplo, el agua encerrada halla por fin una abertura que aprovecha ansiosamente para precipitarse por ella, no lo conoce, lo mismo que no percibe el ácido al álcali que se le acerca, o el pedacillo de papel al ámbar frotado a que se precipita, a pesar de lo cual debemos confesar que lo que ocasiona tan repetidas alteraciones en esos cuerpos debe guardar siempre cierta semejanza con lo que sucede en nosotros cuando se nos presenta un inesperado motivo. Hanme servido ya antes consideraciones de esta clase para demostrar la existencia de la *voluntad* en todo, mas ahora las aduzco para mostrar cómo perteneciente a qué esfera se nos presenta *la inteligencia,* si se la considera no, como de ordinario, desde dentro, sino realistamente, desde un punto de vista colocado fuera de ella, cual algo extraño, ganando así para ella la visión objetiva, de tan alta importancia para completar la subjetiva. Vemos que se presenta entonces como el *medio de los motivos,* esto es, de la causalidad sobre seres cognoscentes, y por lo tanto, como lo que recibe la alteración de fuera a la que ha de seguir la de dentro, como mediadora entre ambas. Sobre esta sutil línea oscila *el mundo como representación,* es decir, todo este mundo corporal extendido en espacio y tiempo, que no puede existir, *como tal,* en otra parte más que en un cerebro, del mismo modo que no existen los sueños, como tales, en el tiempo que duran, en el cerebro. Lo mismo que hace al hombre y al animal la inteligencia como medio de los motivos, hace a las plantas la receptividad para la excitación y a los cuerpos inorgánicos la receptividad para causas de toda clase, quedando en claro que sólo en grado se diferencia todo. Como la receptividad para las impresiones externas se ha elevado en el animal a medida de sus necesidades, hasta que ha tenido que desarrollar en su ayuda un sistema nervioso y un cerebro, nacida cual función de ese cerebro, la conciencia, y en ella el mundo objetivo cuyas formas (tiempo, espacio y causalidad) son la manera como esa función se cumple. Hallamos, pues, la inteligencia en su origen, evaluada en lo subjetivo, meramente destinada al servicio de la voluntad, y, por consiguiente, de clase enteramente secundaria y subordinada, y hasta entrando en juego no más que *per accidens,* cual condición de la influencia por motivos, influencia que ha llegado a ser necesaria en la escala de la animalidad, en vez de la excitación. La imagen del mundo en espacio y tiempo que con esta ocasión aparece no es más que el plano en que se nos muestran los motivos como fines, condiciona a la conexión en espacio y causalidad de los objetos intuidos, mas no es, sin embargo, nada más que el mediador entre el motivo y el acto de voluntad. Implicaría un enorme salto, el que tomáramos a esta imagen del mundo que de tal modo nace, accidentalmente, en el intelecto, esto es, en la función cerebral del ser animal, en cuanto le muestra los medios para sus fines, alumbrando tal efímero su camino a su planeta; el que la tomáramos, digo, siendo como es mero fenómeno cerebral, por la verdadera esencia última de los seres (ser en sí), y por el absoluto orden cósmico (relación de las cosas en sí) el encadenamiento de sus partes, suponiendo que todo ello sea independiente del cerebro. Tal suposición debe aparecérsenos aquí como en alto grado precipitada y temeraria, siendo, no obstante, el fundamento y base sobre que se han edificado todos los sistemas del dogmatismo prekantiano, pues no es otra la tácita presuposición de todas sus ontologías, cosmologías y teleologías, así como de todas las *aeternas veritates* que invocan. Hase dado, sin embargo, el salto ese inconscientemente siempre, siendo el inmortal servicio de Kant el de habernos dado conciencia de él.

Por nuestro actual modo de considerar las cosas realistamente es por lo que logramos aquí llegar inesperadamente al *punto de vista objetivo* que sirvió para los grandes descubrimientos de Kant, llegando a él por el camino del examen empírico-fisiológico del que se separa su examen trascendental crítico. Toma éste como punto de mira a lo *subjetivo,* considerando a la conciencia como algo dado; pero desde este mismo y desde sus leyes dadas *a priori*, alcanza el resultado de que no puede ser más que puro fenómeno lo que en ella se presenta. Nosotros mismos desde nuestro punto de mira realista, exterior, que toma a lo *objetivo*, a la Naturaleza, como lo dado desde luego, vemos qué cosa es el intelecto, según su fin y origen, y a qué clase de fenómenos pertenece: de aquí el que reconozcamos (*a priori*) que tiene que limitarse a meros fenómenos, y que lo que en él se muestra no puede ser nunca más que un condicionado capitalmente *subjetivo*, es decir, un *mundus phaenomenon*, juntamente con el orden, igualmente condicionado subjetivamente, del nexo de las partes del mismo; pero jamás un conocer de las cosas según lo que ellas son en sí y según el modo como pueden entre sí conexionarse. Hemos visto a la inteligencia cual un condicionado en la conexión de la Naturaleza, condicionado cuyas declaraciones no pueden tener, por lo tanto, más que un valor condicionado también. Después de estudiada la *Crítica de la razón pura*, que es en esencia extraña a nuestro punto de vista, no cabe que el que la haya comprendido proceda cual si la Naturaleza hubiera destinado de intento el intelecto a ser un espejo de sorpresa jugando al escondite con nosotros. Estamos ya, empero, en nuestro camino realístico-objetivo, esto es, que partiendo del mundo objetivo cual de algo dado, hemos llegado al mismo resultado a que llegó Kant por el camino idealístico-subjetivo, es decir, por examen del intelecto mismo y de cómo constituye la conciencia. Y nos ha resultado que el mundo, como representación, oscila en la débil línea que media entre las causas externas (motivos) y el efecto provocado (acto volitivo) en los seres conocentes (animales), siendo donde empieza la clara distinción entre ellos. *Ita res accedent lumina rebus*. Por esta consecución del mismo resultado, a partir de dos caminos opuestos, es como adquiere el gran descubrimiento de Kant su plena evidencia, apareciendo claro su sentido todo al ser alumbrado por dos lados. Nuestro punto de mira objetivo es realista, y, por lo tanto, condicionado, en cuanto tomando como dados a los seres naturales, deduce de ahí que su existencia objetiva presupone un intelecto en que se hallan desde luego cual representación; pero el punto de mira subjetivo e idealista de Kant es igualmente condicionado, en cuanto parte de la inteligencia, que tiene a su vez a la Naturaleza cual presupuesto, a consecuencia de cuyo desarrollo puede entrar hasta en los seres animales. Desde este nuestro punto de vista realístico-objetivo, puede caracterizarse la doctrina de Kant diciendo que después de que Locke, para conocer las cosas en sí, separó de ellas, tal cual se nos muestran, la parte de las funciones sensitivas, dando a tal parte el nombre de cualidades secundarias, Kant, con sagacidad enormemente mayor, separó de ellas la parte, de mayor importancia, de la función cerebral, parte que abarca las cualidades primarias de Locke. Pero yo no he mostrado todavía aquí por qué tenía que suceder todo esto así, al indicar el lugar que ocupa el intelecto en la conexión de la Naturaleza, si se parte realísticamente del objeto como dado, tomando a la voluntad, única cosa de que se tiene conciencia totalmente inmediata, y el verdadero «en que estriba» de la metafísica, como punto de apoyo y cual lo originariamente real, de que todo lo demás no es más que manifestación. Voy a completarlo.

3. Fisiología vegetal

Dije más arriba que allí donde haya conocimiento, *permanecen tanto más separados uno de otro* el motivo que entra cual representación y el acto volitivo que le sigue, cuanto más perfecto sea el intelecto, es decir, cuanto más ascendamos en la escala de los seres. Esto exige una explicación más detallada. Allí donde provoca todavía a la actividad volitiva una mera excitación que no llega a representación alguna, es decir, en las plantas, no se separa la recepción de la impresión de la determinación que provoca. En las más bajas inteligencias animales, en los radiarios, acalefos, acéfalos, etc., apenas sucede otra cosa; forma en ellos el contenido todo de la conciencia una sensación de hambre, un acto de atención por ella provocado, una percepción de la presa y el precipitarse a ella, siendo todo esto el primer albor del mundo como representación, cuyo último fondo, todo lo de fuera del motivo que obra cada vez, queda todavía en completas tinieblas. Correspondiendo con esto, son en tales seres sumamente imperfectos e incompletos los órganos de los sentidos, puesto que sólo tienen que procurar datos los más externos a la intuición de un entendimiento embrionario. Dondequiera que hay sensibilidad acompaña ésta a un entendimiento, esto es, a la facultad de referir el efecto sentido a una causa externa; sin esto sería la sensibilidad superflua y no más que una fuente de dolores sin fin. Subiendo en la escala de los animales, establécense cada vez más sentidos y más perfectos, hasta que existan todos cinco, que aparecen en pocos animales invertebrados, aunque sí por lo común en los vertebrados. Desenvuélvese a la par el cerebro y su función, el entendimiento; preséntase entonces el objeto más claro y completo estando ya en nexo con los demás objetos, y porque hace falta para el servicio de la voluntad comprender relaciones de objetos, logra el mundo de la representación abarcar un círculo y un último término, un fondo. Pero todavía va más allá la aprensión, según lo pide el servicio de la voluntad; la percepción y la solicitación por ella llevadas a cabo, no se distinguen con toda pureza; sólo se comprende el objeto en cuanto es motivo. Ni aun los animales más sagaces ven en los objetos más que lo que les importa, esto es, lo que se refiere a su voluntad, o en todo caso lo que puedan obtener en lo futuro, y así es como el gato se esfuerza por adquirir un exacto conocimiento de la localidad y la zorra rebusca escondrijos para el botín futuro. Pero respecto a todo lo demás son insensibles, sin que haya acaso un animal que haya percibido una vez siquiera el cielo estrellado. Mi perro saltó aterrado cuando miró por primera vez y casualmente al sol. En los animales más sagaces y educados por la domesticidad muéstrase a las veces la primera leve huella de una comprensión desinteresada del ámbito; hay perros que llegan hasta a mirar con la boca abierta, viéndoseles ponerse en la ventana y seguir atentamente con la mirada a todo el que pasa, y hay monos que inspeccionan a las veces el contorno como queriendo darse cuenta de lo que les rodea. En el hombre es donde primero se separan netamente el motivo y la acción, la representación y la voluntad. Mas esto no suprime la servidumbre del intelecto bajo la voluntad. El hombre ordinario no comprende en las cosas más que aquello que guarda muy claramente alguna relación directa o indirecta con él mismo (intereses propios); para lo demás se hace su intelecto invenciblemente perezoso, y de aquí que se quede en último término, sin mostrarse con radiante claridad a la conciencia. Permanecen siempre extrañas a él la admiración filosófica y la intuición artística de los fenómenos, haga lo que haga; en el fondo parécele que todo se comprende por sí. La completa redención y separación del intelecto de la servidumbre en que se mantiene bajo la voluntad, es privilegio del genio, como he mostrado extensamente en la parte de estética de mi obra. Genialidad es objetividad. La pura objetividad y netitud con que se presentan las cosas en la intuición (este conocer fundamental y riquísimo de contenido) está en cada momento en razón inversa de la parte que en las mismas cosas toma la voluntad, siendo el conocer in-volitivo condición y hasta esencia de toda concepción estética. ¿Por qué un pintor ordinario nos representa tan mal un paisaje, a pesar de sus esfuerzos? Porque no lo ve más bello. Y ¿por qué no lo ve más bello? Porque no está su intelecto lo suficientemente separado de su voluntad. El grado de esta separación establece grandes diferencias intelectuales entre los hombres; pues el conocer es tanto más objetivo y exacto cuanto más se ha desligado de la voluntad; como es mejor el fruto que no sabe al suelo en que ha nacido.

Bien merece esta tan importante como interesante relación que con una mirada retrospectiva a la escala toda de los seres la elevemos a la mayor claridad posible, representándonos el tránsito de lo incondicionado subjetivo al más alto grado de la objetividad del intelecto. Incondicionadamente subjetiva es la Naturaleza inorgánica en cuanto no se halla en ella huella alguna de conciencia del mundo exterior. Las piedras, los bloques, los témpanos, aunque caigan unos sobre otros o choquen y se froten, no tienen los unos conciencia de los otros ni del mundo exterior. Experimentan, sin embargo, una acción de fuera, conforme a la cual se modifica su posición y movimiento, y que puede, por lo tanto, considerarse cual el primer paso hacia la conciencia. Ahora bien; aun cuando las plantas no tengan todavía conciencia alguna del mundo exterior, sino que haya que tomar cual un oscuro goce de sí mismas el mero análogo de conciencia existente en ellas, vemos, sin embargo, que buscan todas la luz, que vuelven muchas a diario sus flores u hojas al sol, que las trepadoras se arrastran a un soporte que no las toca, y que algunas especies, por último, manifiestan un modo de irritabilidad; de donde se deduce incuestionablemente que hay un enlace y relación entre su ambiente y sus movimientos, aun cuando no se toquen inmediatamente, al cual podemos considerar como un débil análogo de la percepción. Con el mundo animal aparece por vez primera la percepción distinta y clara, esto es, la conciencia de otras cosas, por oposición a la conciencia propia, que merced a aquélla nace primero con claridad. En esto precisamente es en lo que estriba el carácter de la animalidad, por oposición a la naturaleza vegetal. En las clases animales ínfimas es muy limitada y oscura esa conciencia del mundo exterior; se hace más clara y extensa a medida que crece el grado de inteligencia, que se dirige según el grado de las necesidades del animal, y así ocurre según se sube la escala zoológica, hasta llegar al hombre, en que alcanza su cumbre la conciencia del mundo exterior, manifestándose en él, por lo tanto, el mundo más distinto y completo que en cualquier otra parte. Mas aun aquí tiene todavía la claridad de la conciencia innumerables grados, desde el más obtuso imbécil hasta el genio. Aun en las cabezas normales tiene todavía un considerable tinte subjetivo la percepción objetiva de las cosas exteriores; guarda todavía el conocer su carácter de no existir más que para ayuda de la voluntad. Cuanto más eminente la cabeza, tanto más se pierde esto y de una manera tanto más puramente objetiva se representa el mundo exterior, hasta que alcanza, por fin, en el genio la perfecta objetividad, merced a la cual surgen de las cosas individuales sus ideas platónicas, por elevarse el que las comprende a puro sujeto de conocer.

Siendo la intuición la base de todo conocimiento se notará el influjo de tal diferencia fundamental en la cualidad de la misma en todo pensar y todo examinar, de donde nace la diferencia corriente en el modo de concebir de una cabeza vulgar y de otra eminente, diferencia que se observa en cualquier ocasión e igualmente también la estúpida seriedad, rayana en la animalidad, de las cabezas vulgares que sólo conocen para ayuda del querer, en oposición al constante juego con el conocer excedente (superfluo) que alegra la conciencia del inteligente. De la observación de los dos extremos de la gran escala aquí expuesta parece haber nacido la hiperbólica expresión alemana de *Klotz,* tronco o pedazo de madera, aplicada al hombre; en inglés *blockhead,* cabeza de bloque[1].

---

(1) En castellano decimos, entre otras expresiones, *majadero,* que literalmente es el cilindro de madera con que se maja el cacao para hacer chocolate. *(N. del T.)*

Otra consecuencia ulterior, empero, de la neta separación una vez ya establecida en el hombre entre el intelecto y la voluntad y consiguientemente entre el motivo y la acción, es la engañosa apariencia de una voluntad en cada uno de los actos. Allí donde producen efectos en lo inorgánico causas que en lo vegetal son excitantes, no hay la menor apariencia de libertad, debido a la sencillez del enlace causal; pero ya en la vida animal, donde se manifiesta cual motivo lo que hasta allí era causa o excitante, presentándose, por lo tanto, un segundo mundo, el de la representación, y quedando la causa en el uno y el efecto en el otro, no es ya tan evidente como hasta entonces era la conexión causal entre ambos, así como tampoco la necesidad de ella. En el animal, cuya representación meramente intuitiva guarda el medio entre las funciones orgánicas consecutivas a excitante y el elevado hacer del hombre, no cabe desconocer todavía aquella necesaria conexión; el hacer del animal es infalible a presencia del motivo intuido, donde no se le oponga otro tan intuitivo contra-motivo o el adiestramiento, sin embargo de lo cual, está ya separada su representación del acto volitivo, entrando por sí sola en la conciencia. Pero en el hombre, en que se ha elevado ya la representación a concepto y en que todo un mundo invisible de pensamientos que en la cabeza lleva, le ofrece motivos y contra-motivos para obrar, haciéndole independiente del presente y del ámbito sensible, en el hombre no cabe ya reconocer aquella conexión mediante la observación externa, y aun la interna sólo lo consigue por reflexión abstracta y madura. A los ojos de la observación externa, en efecto, adquiere esa motivación por concepto el carácter de lo intencional en sus movimientos todos, presentando aire de independencia, que los diferencia a primera vista de los movimientos de los animales; mas en el fondo lo único que de aquí se desprende es que el hombre actúa por una especie de representaciones de que no participa el animal. En la conciencia que de sí mismo tiene cada uno, conoce el acto volitivo de la manera más inmediata, mientras que sólo muy medianamente y a menudo velado intencionalmente, conocemos el motivo por lo común. Este proceso, pues, coincidiendo con la conciencia de aquella genuina libertad que corresponde a la voluntad como a cosa en sí y fuera de la fenomenalidad, produce la engañosa apariencia de que el acto volitivo aislado no depende de nada, que es libre, esto es, sin fundamento; cuando la verdad es que, dado un carácter y un motivo reconocido, síguese el acto con tanta necesidad como las alteraciones de que la mecánica nos instruye, o para servirnos de una expresión de Kant, si fueran bastante conocidos el carácter y el motivo, podríase predecir el acto tan bien como un eclipse de luna, o, para poner aquí una autoridad tan heterogénea a la de Kant como es la de Buridan, diremos con el Dante:

> *Intra duo cibi, distanti e moventi*
> *D'un modo, prima si morria di fame*
> *Che liber'uomo l'un recasse a denti*[20].

Parad. IV, I.

---

20. Un hombre libre de escoger entre dos manjares igualmente distantes de él y que exciten con la misma intensidad su apetito, se moriría de hambre antes de escoger uno de los dos.

4. Astronomía física

Ninguna parte de mi doctrina podía yo esperar que recibiese menos confirmación de las ciencias empíricas que la que aplica a la naturaleza inorgánica la verdad fundamental de que la cosa en sí de Kant es la voluntad, presentándonos lo que obra en sus fuerzas todas elementales como idéntico a lo que en nosotros conocemos como voluntad. Así es que me ha complacido grandemente el ver que un ilustre investigador empírico, vencido por la fuerza de la verdad, ha llegado a expresar tratando de su ciencia, esa proposición paradójica. Me refiero a sir Juan Herschel[21], en su *Treatise on Astronomy,* publicado en 1833, y del cual ha aparecido en 1849 una segunda edición ampliada, bajo el título de *Outlines of Astronomy.*

---

21. Herschel, John Frederick William (1792-1871), astrónomo inglés, realizó un catálogo de todas las nebulosas y cúmulos estelares conocidos de la época (1864).

Conociendo como astrónomo la gravitación por algo más que por su papel parcial y más tosco, el que representa en la tierra, esto es, por el más noble que le compete en los espacios cósmicos, donde juegan unos con otros los cuerpos cósmicos, se cortejan, se traicionan, pero sin llegar a grosero contacto, sino que guardándose la conveniente distancia, prosiguen con gravedad su minué, para la armonía de las esferas. Sir Juan Herschel se expresa así en el cap. 7.º (pág. 371 de la primera edición), donde trata de establecer la ley de la gravitación:

«Los cuerpos todos que conocemos descienden a la superficie en línea perpendicular a ésta si suspendiéndolos en el aire se los suelta. Impúlsales a ello una fuerza o esfuerzo, resultado directo o indirecto de una conciencia (*consciousness*) y de una *voluntad* existente en alguna parte, aunque esté fuera de nuestro alcance el señalarla, fuerza a que llamamos gravedad»*.

El crítico de Herschel en la *Edinburgh Review,* oct. 1883, que como buen inglés de lo que ante todo se preocupa es de que no peligre el relato mosaico, se mues-

---

* Ya Copérnico dijo esto mismo: «Creo que la gravedad no es otra cosa más que *cierta apetecencia* natural, imbuida a las partes por la divina providencia del artífice del universo, para que se produzcan en unidad e integridad, reuniéndose en forma de globo. La cual afección es de creer alcance también al sol, a la luna y a los demás fulgores errantes, para que en virtud de ella permanezcan en la redondez en que se presentan, a pesar de lo cual cumplen su circuito de mil modos». (*Nicol. Copernice,* revol. Lib. 1, Cap. IX. – Comp. *Exposition des Decouvertes de M. le Chevalier Newton, par M. Maclaurin,* traduit de l'anglois par M. Lavirotte, París, 1749, pág. 45.)

Herschel ha visto sin duda alguna que de no querer explicar la gravedad, como Descartes, por un choque de fuerzas, tenemos que admitir una voluntad insidente en los cuerpos. *Non datur tertium. (N. del A.)*

tra muy extrañado de este pasaje, haciendo notar, con razón, que es evidente que no se trata en él de la voluntad del Dios Todopoderoso que ha sacado a existencia a la materia con todas sus propiedades, y no quiere, por lo tanto, dejar pasar la proposición, negando que se siga del precedente párrafo, sobre el cual quería Herschel fundamentarla. Creo que se seguiría de ese párrafo (porque el origen de un concepto determina su contenido); pero también creo que la proposición que contiene es falsa. Es, a saber, la afirmación de que el origen del concepto de causalidad sea la experiencia y precisamente la que recibimos al obrar por propio esfuerzo sobre los cuerpos del exterior. Tan sólo allí donde, como ocurre en Inglaterra, no ha amanecido aún el día de la filosofía kantiana, se puede pensar en un origen del concepto de causalidad derivado de la experiencia (aparte de los profesores de filosofía, que se burlan de las doctrinas de Kant, y no me conceden atención alguna); y menos puede pensarse en ello todavía si se conoce mi prueba de la apriodidad de aquel concepto, prueba enteramente diversa de la kantiana y que descansa en que el conocimiento mismo de la causalidad es necesaria condición previa de la intuición del mundo, intuición a que sólo se llega por el *tránsito* cumplido por el entendimiento desde la sensación en el órgano sensitivo a su *causa,* causa que se nos presenta como *objeto,* en el espacio, igualmente intuido *a priori.* Ahora bien; puesto que la intuición del objeto tiene que preceder a nuestra acción consciente sobre él, no puede ser la experiencia de ésta la fuente del concepto de causalidad, puesto que antes de obrar yo sobre las cosas tienen que haber ellas obrado sobre mí como motivos. Todo lo concerniente a esto lo he expuesto extensamente en el segundo tomo de mi obra capital, cap. 4.º, y en la segunda edición de mi *Tratado sobre el principio de la razón suficiente,* pág. 21, donde halla su refutación especial la opinión adoptada por Herschel. No he de volver, pues, aquí sobre lo mismo. Pero sí cabe refutar empíricamente semejante supuesto, ya que de él se seguiría que un hombre nacido sin brazos ni piernas no podría alcanzar noticia alguna de la causalidad, y por lo tanto, tampoco intuición alguna del mundo exterior. Esto lo ha contradicho de hecho la Naturaleza con un caso desgraciado de esa especie, caso que he descrito, tomándolo de su fuente, en el ya citado capítulo de mi obra capital. En la expresión de Herschel de que tratamos ahora se nos volvería a presentar el caso de haberse sacado una conclusión verdadera de premisas falsas, lo cual sucede siempre que con un exacto golpe de vista vemos inmediatamente una verdad; pero nos marra la rebusca y aclaración de sus fundamentos, no pudiendo traer a clara conciencia éstos. En toda comprensión originaria, en efecto, la convicción precede a la prueba, que aparece después.

La materia líquida produce, merced a la perfecta movilidad de sus partes todas, la manifestación inmediata de la gravedad en cada caso más claramente que pueda hacerlo la sólida. De aquí el que para participar de aquel golpe de vista, que es la fuente verdadera de la expresión de Herschel, no hay más que considerar atentamente la vigorosa caída de un torrente sobre masas rocosas, y preguntarse si aquel decidido esfuerzo, si aquel tumulto puede verificarse sin un despliegue de fuerza y si cabe concebir despliegue de fuerza, sin voluntad. Y del mismo modo allí donde observamos una inmediata y primera fuerza de algo originariamente movido, nos vemos obligados a pensar en la voluntad como en su interna esencia. Queda, pues, asentado que aquí Herschel, como todos los empíricos de distintos ramos que llevo citados, se vio llevado en su indagación a las fronteras en que lo físico no tiene ya tras de sí más que a lo metafísico, lo cual le obligó a detenerse, y tampoco él, como todos los demás de ellos, pudo ver más que la *voluntad* más allá de esas fronteras. Por lo demás, Herschel, como los más de esos empíricos, se atiene todavía a la opinión de que la voluntad sea inseparable de la conciencia. Y como quiera que me he extendido más arriba lo suficiente acerca de este error y de su rectificación, no hace falta volver aquí de nuevo sobre ello.

Desde principios de este siglo se ha querido atribuir con frecuencia *vida* a lo inorgánico; atribución muy falsa. Vivo y orgánico son conceptos convertibles; con la muerte cesa lo orgánico de ser tal. No hay en la Naturaleza línea mejor trazada que la que existe entre lo orgánico y lo inorgánico, es decir, entre aquello en que la forma es lo esencial y permanente y la materia lo accidental y mudable, y aquello otro en que sucede la inversa. No oscilan aquí los límites como tal vez ocurre entre animales y plantas, sólidos y líquidos, gases y vapores; así es que el querer suprimirlos no es más que llevar adrede la confusión a nuestros conceptos. Por el contrario, he sentado yo que se atribuya *voluntad* a lo no vivo, a lo inorgánico, pues para mí no es, como hasta aquí ha sido la opinión corriente, la voluntad un accidente del conocer, y por lo tanto, de la vida, sino que la vida misma es manifestación de la voluntad, y la perceptibilidad de las manifestaciones de ésta y no otra cosa la materia misma. Así es que hay que reconocer un *querer* en todo esfuerzo que saque de la Naturaleza un ser material y que forme propiamente esa naturaleza o se manifieste apareciendo en ella, no dándose, por lo tanto, materia alguna sin manifestación de voluntad. La más baja y, por lo tanto, la más universal de las manifestaciones volitivas, es la gravedad o peso, por lo cual se le ha llamado fuerza esencial de la materia.

En la manera ordinaria de considerar la Naturaleza, supónese que hay dos principios, radicalmente diversos, del movimiento, que el de un cuerpo puede tener *doble origen* o que surge de dentro, atribuyéndolo a la *voluntad,* o de fuera, naciendo por *causa.* Tal es la concepción que se presupone de ordinario como algo que de por sí se comprende, sin que haya que ponerlo expresamente de relieve más que en ocasiones dadas. Voy, sin embargo, para mayor seguridad, a mostrar algunos pasajes de los más antiguos y más modernos tiempos, en que se ve lo dicho. Ya Platón en el *Fedro* establece la oposición entre lo que se mueve por sí, de dentro (alma) y lo que recibe de fuera su movimiento (cuerpo), antítesis que volvemos a hallar en el libro 10 de las *Leyes*. Establécela también Aristóteles, *Física,* VII, 2: «lo que se mueve o se mueve por sí, o por otro»[22]. En el libro siguiente, caps. 4 y 5, vuelve a la misma contraposición, a que enlaza ulteriores investigaciones, cayendo en grandes perplejidades a consecuencia de la falsedad de la antítesis. En tiempos más

---

22. *Quidquid fertur a se movetur, aut ab alio.*

recientes se nos viene muy ingenua y simplemente con la misma antítesis 3. 3. Rousseau, en la famosa *Profesión de fe del vicario saboyano (Emilio,* IV): «Advierto en los cuerpos dos suertes de movimientos, a saber: movimiento comunicado y movimiento espontáneo o voluntario; en el primero la causa motriz es extraña al cuerpo movido, y en el segundo está en el mismo». Ya en nuestros días y con su estilo hinchado, se expresa así Burdach *(Fisiología,* tomo IV, pág. 323): «El fundamento determinante de un movimiento inside o dentro o fuera de aquello que se mueve. La materia es existencia exterior, tiene fuerzas motrices; pero las pone en actividad por ciertas relaciones de espacio y reacciones exteriores; sólo el alma es un íntimo siempre activo, y sólo el cuerpo animado halla en sí, independientemente de relaciones mecánicas exteriores, ocasión para movimientos, moviéndose por propio esfuerzo».

Mas yo he de decir aquí lo que en cierta ocasión dijo Abelardo: «Si todos los padres lo dicen así, yo digo que no es así»[23], pues en contra de esta concepción capital, por antigua y universal que pueda ser, está mi doctrina de que *no* hay dos orígenes fundamentalmente diversos del movimiento; que *no* es cierto que, o surja de dentro, caso en que se le atribuye a la voluntad, o de fuera, brotando en este caso de causas, sino que ambas cosas son inseparables, verificándose a la vez en todo movimiento de un cuerpo. Porque el movimiento que se confiesa que brota de la *voluntad* presupone siempre una *causa;* siendo ésta, en los seres dotados de conocimiento, un moti-

---

23. *Si omnes patres sic, at ego non sic.*

vo, sin el cual es imposible aun en ellos el movimiento. Y por otra parte, el movimiento que se dice efectuado en un cuerpo por *causa* externa, es también en sí manifestación de su *voluntad*, que no hace más que ser provocada por la causa. No hay, pues, más que un principio único de todo movimiento, principio uniforme, general y sin excepción; su condición interna es *voluntad*, y su ocasión externa *causa;* la cual, según la estructura de lo movido, puede presentarse en forma de excitante o de motivo.

Todo aquello que en las cosas no se conoce más que empíricamente *a posteriori*, es en sí *voluntad;* por el contrario, en cuanto las cosas son determinables *a priori*, pertenecen tan sólo a la *representación*, a la mera fenomenalidad. De aquí el que mengüe la inteligibilidad de los fenómenos naturales en la misma medida en que se manifiesta claramente en ellos la voluntad, esto es, según que estén cada vez más altos en la escala de los seres; y por el contrario, es tanto mayor su inteligibilidad, cuanto menor es su contenido empírico porque permanecen tanto más en el dominio de la mera *representación*, cuyas formas, conocidas por nosotros *a priori*, son el principio mismo de la inteligibilidad. Y de aquí el que no se tenga completa y general concebibilidad más que en cuanto uno se mantiene del todo en ese dominio, teniendo ante sí la mera representación, sin contenido empírico, simple forma, y por lo tanto, en las ciencias *a priori*, en la Aritmética, Geometría, Foronomía[24] y en la Lógica. En

---

24. Traduce el término alemán *Phoronomie*, sinónimo, muy poco usado, de «mecánica racional», o ciencia de las leyes del equilibrio y movimiento de los cuerpos.

estas ciencias es todo comprensible en alto grado; los puntos de vista son enteramente claros y suficientes, sin que dejen nada que desear, por cuanto nos es imposible pensar que suceda algo de otro modo, todo lo cual proviene de que no tenemos que tratar en ellas más que con las formas de nuestro propio intelecto. Así, pues, cuanto más inteligible es una relación, tanto más se mantiene en la mera fenomenalidad, sin referirse al ser en sí. Las Matemáticas aplicadas, la mecánica, la hidráulica, etc., estudian los grados más bajos de la objetivación de la voluntad, donde todavía no se mantiene lo más en el terreno de la mera representación, sino que tienen ya que ver con un elemento empírico, en que se enturbia la comprensibilidad, la transparencia total, y con el cual elemento entra lo inexplicable. Tan sólo algunas partes de la Física y de la Química consienten todavía, por las mismas razones, tratamiento matemático; subiendo en la escala de las esencias cesa del todo la posibilidad de tratarlas así, precisamente porque el contenido del fenómeno sobrepuja a su forma. Ese contenido es voluntad, lo aprioristico, el ser en sí, lo libre, lo que no tiene fundamento. En el capítulo titulado «Fisiología vegetal» he mostrado cómo se separan en los seres vivos y dotados de conocimiento el motivo y el acto volitivo, la representación y el querer, más claramente cuanto más ascendemos en la escala de los seres. De igual manera y en la misma medida se separan también en el reino inorgánico la causa y el efecto, apareciendo cada vez más claro lo puramente empírico, que es también manifestación de la voluntad, pero decreciendo con ello la comprensibilidad. Esto merece una detenida explicación, a la que ruego al lector preste la mayor atención, puesto que se dirige en especial a poner en claro los pensamientos fundamentales de mi doctrina, tanto respecto a la comprensibilidad como a la evidencia. Es todo lo que tengo que hacer, pues no entra en mis facultades el que reciban mis contemporáneos de mí, en vez de pensamientos, palabrería. Me consuelo de no ser hombre de mi tiempo.

En los grados más bajos de la Naturaleza son del todo homogéneos y del todo uniformes la causa y el efecto, por lo cual vemos en ellos lo mejor posible la conexión causal; v. gr., la causa del movimiento de una bola contra la que choca otra, es el movimiento de ésta, que pierde cuanto la otra recibe. Aquí tenemos la mayor comprensibilidad posible de la causalidad. Lo que hay aún aquí de misterioso limítase a la posibilidad de la transmisión del movimiento –de algo incorpóreo– de un cuerpo a otro. Es tan pequeña la receptividad en esta clase de cuerpos, que hay que ir a buscar por entero en la causa el efecto producido. Y lo mismo ocurre con todos los efectos puramente mecánicos, dependiendo el que no lo comprendamos así siempre desde luego de que nos lo velan las circunstancias o de que nos confunde el complicado enlace de causas y efectos. La causalidad mecánica es en sí igualmente comprensible en dondequiera, aun en el más elevado grado, porque aquí no son *cualitativamente* diversos la causa y el efecto, y donde lo son *cuantitativamente,* como en la palanca, explícase la cosa sencillamente por meras relaciones de espacio y tiempo. Mas así que entra el peso añádese un segundo misterio, el de la fuerza de la gravedad, y si obran cuerpos elásticos, el de la elasticidad. Otra cosa sucede si nos elevamos algo en la escala de los fenómenos. La calefacción como causa, y la dilatación, liquidación, volatilización o cristalización como efecto, no son cosas análogas, y de aquí el que no sea ya tan inteligible su relación causal. Se ha hecho menos comprensible la causalidad; lo que se liquida por un menor calor, volatilízase si el calor aumenta; lo que se cristaliza con poco, se funde con más. El calor ablanda la cera y endurece la arcilla; la luz blanquea a la cera y ennegrece al cloruro de plata. Si se descomponen mutuamente dos sales, fórmanse otras dos nuevas; quedándonos la afinidad electiva cual un profundo misterio, y sin que las propiedades de los dos nuevos cuerpos sean la unión de las propiedades separadas de sus elementos. Podemos proseguir las combinaciones y probar de dónde nacen los nuevos cuerpos; podemos volver a separar lo compuesto, estableciendo la misma cantidad. Y así vemos que aquí se ha introducido entre la causa y el efecto una notable heterogeneidad e inconmensurabilidad; la causalidad se ha hecho misteriosa. Ocurren ambas cosas además si comparamos los efectos de la electricidad o de la pila voltaica con sus causas, la frotación del vidrio o la apilación y oxidación de las placas. Aquí se desvanece ya toda semejanza entre causa y efecto; ocúltase la causalidad bajo espeso velo, para remover el cual un poco de vez en cuando han tenido que emplear grandes esfuerzos hombres como Davy, Ampère y Faraday. Lo único que han logrado descubrir son las *leyes* nada más del modo de producirse los efectos, reducidas a un esquema como + E y – E, comunicación, distribución, golpe, inflamación, aislamiento, descarga, corriente eléctrica, etc., a lo que reducimos el efecto, conduzcan a donde quieran, pero el proceso mismo queda desconocido, una *x*. Mantiénense, pues, aquí completamente heterogéneos la causa y el efecto, e ininteligible su conexión, mostrando los cuerpos una gran receptividad para el influjo causal, cuya esencia sigue siendo para nosotros un misterio. Parécenos, también, a medida que ascendemos más, que el tal misterio estriba más en el efecto y menos en la causa. Y esto aumenta aun cuando nos elevamos hasta el reino orgánico, en que se manifiesta el fenómeno de la vida. Cuando, como es común en China, se llena un hoyo con madera podrida, se la cubre con hojas del mismo árbol y se la riega repetidamente con una disolución de salitre, nace una rica vegetación de setas comestibles. Algo de heno rociado con agua nos ofrece todo un mundo de rápidos infusorios. ¡Cuán heterogéneos son aquí la causa y el efecto, y cuánto más no parece que estriba todo en éste que no en aquélla! Entre la semilla que puede tener siglos y hasta miles de años, y el árbol; entre la tierra y el jugo específico de las innumerables plantas, que tanto varía de unas a otras, curativo o venenoso, plantas a que ilumina *un mismo* rayo de sol y riega *un mismo* chaparrón; entre estos términos no hay semejanza alguna, y por lo tanto, tampoco inteligibilidad para nosotros. Es que aquí entra la causalidad en más elevada potencia, a saber, como excitante y receptividad. Sólo nos ha quedado el esquema de causa y efecto; reconocemos esto como causa y como efecto aquello; pero sin saber nada del modo y manera de cumplirse la causalidad. Y no sólo no se encuentra semejanza alguna cualitativa entre la causa y el efecto, sino que tampoco relación alguna cuantitativa. Cada vez aparece el efecto más importante que la causa, sin que crezca el del excitante a medida del grado de éste, sino que a menudo sucede a la inversa. Y si entramos ya en el reino de los seres *dotados de conocimiento,* no hay ya ni semejanza ni relación alguna entre la acción y el objeto, que, como representación, la provoca. Dentro de estos seres, en los animales limitados a las representaciones *sensibles,* es necesaria todavía la *presencia* del objeto que obra como motivo, haciéndolo instantáneo y permanente (excepto en la domesticación, es decir, en el hábito forzado por el miedo), puesto que el animal no puede llevar consigo concepto alguno que le haga independiente de la impresión del momento, dándole posibilidad de deliberación y capacitándole para una acción intencional, todo lo cual puede el hombre. Completo es, pues, en los seres racionales el motivo, en cuanto no es ya algo presente, algo sensible, algo existente y real, sino un mero concepto, que sólo en el cerebro tiene su existencia actual, pero que se le saca de muchas percepciones diversas, de la experiencia de pasados años, o aun transmitido por la palabra. Ha llegado a ser tan grande la separación entre causa y efecto, y tanto ha crecido éste con respecto a aquélla, que aparece a una mente ruda como si no existiera ya causa alguna, como si el acto volitivo de nada dependiese, estando sin fundamento, esto es, siendo libre. Por esto mismo se presentan los movimientos de nuestro cuerpo, si los consideramos desde fuera, como algo que sucede sin causa, cual una maravilla entera y verdadera. Tan sólo la experiencia y la reflexión nos enseñan que tales movimientos, como todos los demás, sólo son posibles por una causa, que aquí se llama motivo y que, en aquella gradación, la causa se había quedado detrás del efecto tan sólo en cuanto a su realidad material, mientras había ido de par con él en realidad dinámica, o sea en energía. Así, pues, en este grado, el más elevado en la Naturaleza, nos ha abandonado más que en otro alguno la inteligibilidad de la causalidad. Tan sólo ha quedado el mero esquema, tomado de manera enteramente general, y hace falta madura reflexión para reconocer también aquí la aplicabilidad y necesidad que lleva consigo el esquema a dondequiera.

Ahora bien; así como caminando en la gruta del Posílipo se encuentra uno cada vez en mayor oscuridad hasta que después de haber pasado de su mitad empieza a alumbrar la luz del otro extremo el camino, lo mismo sucede aquí, en donde la luz intelectual que se proyecta hacia fuera, con la forma de causalidad del entendimiento, después de haberse visto dominada por las tinieblas, empieza a difundir por fin un débil e incierto resplandor. Y aquí sobreviene una explicación de muy otra especie, desde un lado enteramente diferente, explicación que arranca de nuestro interior, y que se nos presenta por la casual circunstancia de que nosotros, los que hemos de juzgar, somos aquí el objeto mismo sometido a juicio. Para la percepción externa y el entendimiento activo en ella, había ido poco a poco subiendo tanto la creciente dificultad de la en un principio tan clara inteligencia del enlace causal, que se había hecho éste casi dudoso en las acciones animales, apareciendo éstas cual una especie de milagro; mas he aquí que acude ya de otro lado enteramente distinto, partiendo del propio yo del observador, la inmediata ilustración de que es en aquellas acciones la voluntad el agente, la voluntad que le es más familiar y conocida que todo lo que puede ofrecerle la percepción externa. Esta noticia tan sólo debe llegar a ser para los filósofos la clave de la inspección en lo íntimo de todos aquellos procesos de la Naturaleza no dotada de conocimiento, procesos en que era la explicación causal más satisfactoria que en los últimamente considerados, y tanto más clara cuanto más de esto se alejaban, pero quedando siempre en ellos una desconocida x, sin poder jamás iluminar nosotros del todo lo interno del proceso, ni aun en lo movido por choque o en los cuerpos atraídos por la gravedad. Esa x habíase ensanchado cada vez más, repeliendo, por último, del todo toda explicación causal, en los grados más altos; pero he aquí que, cuando menos podía esperarse, se descubre cual *voluntad*, comparable a Mefistófeles cuando, a consecuencia de doctos ensayos, surge del perro que se había hecho colosal, cuyo núcleo era él. En vista del examen aquí llevado a término, es inevitable el reconocer la *identidad de esta x*, aun en los más bajos peldaños de la escala, donde no surge más que débilmente, después en otros más elevados, donde se extiende más y más su oscuridad, y, finalmente, en los más altos de todos donde, en nuestra propia manifestación, se anuncia a la conciencia como voluntad. Las dos fuentes indiversas de nuestro conocer, la externa y la interna, deben, pues, enlazarse en este punto, merced a la reflexión. Tan sólo de este enlace brota la inteligencia de la Naturaleza y del propio yo, quedando así abierto lo interno de la Naturaleza a nuestro intelecto, al cual, por sí solo, no le es accesible, más que lo exterior, y así se hace patente el secreto, cuya aclaración por tanto tiempo ha buscado la filosofía. Entonces es cuando queda en claro qué sea propiamente lo real y qué lo ideal (la cosa en sí y el fenómeno), con lo que se resuelve la cuestión capital, en cuyo torno gira la filosofía desde Descartes, la cuestión relativa a la relación de esos dos elementos citados, cuya total diversidad ha expuesto Kant, lo más profundamente posible, con una penetración sin ejemplo, y cuya absoluta identidad afirman algunos sacamuelas, sobre el crédito de la intuición intelectual. Si se suprime aquel examen, que es real y efectivamente la única y estrecha puerta de la verdad, jamás se logrará entender la esencia interna de la Naturaleza, para lo que no hay otro camino alguno, viniéndose a dar más bien en un irresoluble error. Acéptanse, en efecto, como se ha dicho ya, dos principios, radicalmente diversos, del movimiento, principios entre los que media una fija divisoria: el movimiento por causas y el movimiento por voluntad. El primero permanece eternamente ininteligible, en cuanto a su ininitimidad, porque las explicaciones que de él se den nos conducen a aquella irresoluble x que se repliega en sí tanto más cuanto más alto esté el objeto de nuestro estudio, y el segundo, el movimiento por la voluntad, queda cual totalmente desviado del principio de causalidad, como sin fundamento, como libertad de cada una de las acciones, y, por lo tanto, como por entero opuesto a la Naturaleza, y en absoluto inexplicable. Si llevamos a cabo, por el contrario, la ya demostrada unión del conocimiento interno con el externo, allí donde ambos se tocan, reconocemos, a pesar de todas las accidentales diversidades, dos identidades, que son, a saber: la de la causalidad consigo mismo a través de sus grados todos y la de la x primero desconocida (es decir, de las fuerzas naturales y las manifestaciones vitales) con la voluntad en nosotros. Quiero decir que reconocemos primero la idéntica esencia de la causalidad en las diversas formas que tiene que tomar en los diversos grados, pudiendo mostrarse como causa mecánica, química, física, como excitante, cual motivo percibido sensitivamente, y cual motivo abstracto y pensado, reconociéndosela como una y la misma, tanto allí donde el cuerpo que choca con otro pierde tanto movimiento cuanto el que comunica, como allí donde luchan pensamientos con pensamientos, poniendo los vencedores, en cuanto motivo más fuerte, al hombre en movimiento, movimiento que se sigue con no menor necesidad que el de la bola chocada. En vez de deslumbrarnos y confundirnos con esta luz interna allí donde somos nosotros mismos lo movido, siéndonos, por lo tanto, íntima y enteramente conocido lo interno del proceso, y en vez de extrañarnos de todo otro enlace causal que se nos presente en la Naturaleza, cerrándonos para siempre la penetración en él, en vez de esto proyectamos hacia afuera el nuevo conocimiento, recibido de dentro, y lo proyectamos cual clave de lo exterior, reconociendo así la segunda identidad, la de nuestra voluntad, con aquella hasta aquí desconocida x, que siempre queda de resto en toda explicación causal. Digamos ya, en consecuencia, que aun allí donde es la causa más palpable la que produce el efecto, existe todavía lo misterioso, aquella x, o lo propiamente interno del proceso, el verdadero agente, lo en sí de esa manifestación –que no se nos da al cabo más que como representación y según las formas y leyes de ésta, y que es esencialmente lo mismo que lo que nos es íntima e inmediatamente conocido como *voluntad,* en los actos de nuestro cuerpo, y que también se nos da como percepción y representación. Tal es el fundamento de la verdadera filosofía (¡podéis hacer gestos!); y si no lo ha visto este siglo, lo verán los venideros. *Tempo e galantuomo! (se nessun'altro).* Y si reconocíamos en todos sus grados, aun en los más altos, la esencia de la causalidad, que sólo logra su mayor claridad posible en los más bajos grados de la objetivación de la voluntad (esto es, en la Naturaleza), volvemos a reconocer por otra parte la esencia de la voluntad en los grados todos, aun en los más hondos, si bien no somos más que nosotros los que colocados en lo más alto de la escala obtenemos inmediatamente este convencimiento. El antiguo error dice: donde hay voluntad no hay ya causalidad alguna, y donde hay causalidad no hay voluntad. Mas nosotros decimos: donde quiera que haya causalidad hay voluntad, sin que ésta obre jamás sin aquélla. El *punctum controversiae* es, pues, si pueden y deben subsistir juntas, y a la vez en un solo y mismo proceso voluntad y causalidad. Lo que dificulta la inteligencia de esto, sea dondequiera, es la circunstancia de que la causalidad y la voluntad nos son conocidas por dos maneras radicalmente diferentes: la causalidad por entero desde fuera, por entero inmediatamente y merced al entendimiento; y la voluntad enteramente desde dentro y de un modo enteramente inmediato, y que, por consiguiente, cuanto más clara sea en cada caso la inteligencia de la una, tanto más oscura será la de la otra. De aquí, el que allí, donde la causalidad es más comprensible, lo sea menos la esencia de la voluntad, y donde se anuncia sin género de duda ésta, esté la causalidad tan oscurecida que puede un entendimiento rudo atreverse a negarla.

Ahora bien; la causalidad, como nos ha enseñado Kant, no es nada más que una forma, conocible *a priori,* del entendimiento mismo y, por lo tanto, la esencia de la *representación,* en cuanto tal, que es una de las caras del mundo, siendo la otra la *voluntad,* que es la cosa en sí.

Esto de que se aclaren en razón inversa la causalidad y la voluntad, retirándose la una cuando la otra aparece, estriba en que cuanto más nos sea dada una cosa no más que como fenómeno, esto es, como representación, tanto más claramente se muestra la forma apriorística de la representación, esto es, la causalidad, que es lo que sucede en la Naturaleza inanimada; y a la inversa, cuanto más inmediata conciencia tenemos de la voluntad, tanto más se retira la forma de la representación, la causalidad, que es lo que nos sucede en nosotros mismos. Así, pues, cuanto más se nos acerque una de las caras del mundo, tanto más se nos aleja la otra.

5. Lingüística

Bajo este título no abrigo más propósito que el de participar una observación hecha por mí mismo en estos últimos años, y que parece haber escapado a la atención hasta hoy. Que merece que en ella nos fijemos, lo atestigua esta expresión de Séneca: «Admirable propiedad de vocablos hay en algunas cosas, señalándose la costumbre del antiguo lenguaje por eficacísimas notas» (Epist. 81). Y Lichtenberg dice: «Si se piensa bien, hállase mucha sabiduría encerrada en el lenguaje. No es verosímil que entre toda, pero sí que hay mucha de ella».

En muchos, y tal vez en todos los lenguajes, se expresa la acción aun de los cuerpos privados de conocimiento y hasta de los inanimados, por el querer, atribuyéndoles una voluntad; y jamás, por el contrario, un conocer, imaginar, percibir, pensar; no conozco expresión alguna que contenga esta última atribución.

Así dice Séneca *(Quaest. nat.* II, 24) del fuego del rayo: «En esto sucede al fuego lo que a los árboles, cuyas altas ramas, si son tiernas, pueden traerse hacia abajo hasta que toquen en tierra; pero si se las deja, vuelven a su sitio. No es, pues, de esperar de ellos hábito de cosa alguna que no les salga de voluntad [qui illi no *ex voluntate est]*. Si le dejas ir al fuego a donde quiere, irá al cielo». En sentido más general dice Plinio: «Ni se ha de buscar en parte alguna la razón, sino la voluntad de la Naturaleza» *(Hist. nat.* 37, 15). No menos nos ofrece el griego ejemplos. Al explicar el peso, dice Aristóteles *(De coelo,* II c. 13): «Si a un pedacito de tierra que se haya elevado se le suelta, cae, sin *querer* quedarse»[25]; y en el siguiente capítulo: «Conviene que se diga que cada cosa es lo que por Naturaleza *quiere* ser, y lo consigue; pero no lo que es por violencia y fuera de la Naturaleza». Muy significativo y algo más ya que meramente lingüístico es el que Aristóteles, en la *Ethica magna*, I, c. 14, donde trata expresamente tanto de seres inanimados (el fuego, que tiende hacia arriba, y la tierra hacia abajo), como de animales, diga que pueden ser forzados a hacer algo contra su naturaleza o contra lo que quieren, presentando como paráfrasis del «contra Naturaleza» el «contra lo que quieren». Anacreonte, en la oda XXVI, a Batilo, donde establece la imagen de su querido, dice de los cabellos: «Suelta los libres rizos de los cabellos, recogidos al descuido, dejándolos que caigan donde quieran». En alemán dice Bürger: «Hacia abajo quiere ir el vientre, no

---

25. *Parva quaedam terrae pars, si elevata dimittitur, fertur, neque vult manere.*

hacia arriba». Aun en la vida ordinaria decimos a diario: «El agua hierve; quiere salirse»; «el vaso quiere romperse»; «no quiere tenerse la escalera», etc. En inglés, el verbo *will* (querer) ha llegado a ser auxiliar del futuro de todos los demás verbos, con lo que se expresa que toda acción tiene por base la voluntad[1].

Por lo demás, el esfuerzo de los seres sin conocimiento ni vida desígnase expresamente con *to want*, palabra expresiva de todo deseo y esfuerzo humano: *the water wants to get out* (el agua desea salir); *the steam wants to make itself way through* (el vapor desea abrirse paso). En italiano lo mismo: *vuol piovere* (quiere llover); *quest'orologio non vuol andare* (este reloj no quiere andar). Está, además, tan profundamente metido en este lenguaje el concepto del querer, que lo emplea para designar toda exigencia, todo lo necesario: *vi vuol un contrapeso; vi vuol pazienza*.

Hasta en el chino, tan radicalmente diverso de todos los lenguajes de tronco ario, hallamos un ejemplo muy expresivo y que cabe aquí. En el comentario al *I-King*, se dice, según la exacta traducción del P. Regis: Yang, o la materia celeste, quiere volver a ingresar, o (para servirme

---

(1) En castellano se inició este uso del verbo querer, si bien quedó abortado. En el viejo *Poema del Cid* es frecuente. Allí *quiero vos dezir* equivale a «voy a decíroslo».
Se aplica a las cosas inanimadas. Véanse seis ejemplos:
1.º Antes será con vusco que el sol quiera rrayar (231).
2.º Apriessa cantan los gallos é quieren quebrar albores (235).
3.º A cabo de tres semanas, la quarta queríe entrar (665).
4.º Otro día mañana el sol queríe apuntar (682).
5.º El yvierno es exido, que el março quríe entrar (1619).
6.º Miedo a su muger e quiere-l quebrar el coraçon (1560). *(N. del T.)*

de las palabras del doctor Ching-tse) *quiere* volver a estar en lugar superior *(I-King,* ed. 3. *Mohl.,* vol. I, p. 341).

Más decisivo aún que una cosa puramente lingüística, en cuanto expresión de la comprensión íntima y sentida de la marcha en el proceso químico, es cuando Liebig nos dice, en su *Química aplicada a la agricultura,* que «nace un aldehído, que con la misma *avidez* que el ácido sulfúrico, se une directamente con el oxígeno para formar ácido acético». Y otra vez, en su *Química aplicada a la fisiología,* que «el aldehído que saca con *la mayor avidez* oxígeno del aire, etc.». Y como quiera que se sirve por dos veces de la misma expresión hablando del mismo fenómeno, no es casual, sino tan sólo por ser la única expresión que corresponde a la cosa*.

Vemos, pues, que el lenguaje, la más inmediata expresión de nuestros pensamientos, nos da indicios de que

---

* También los químicos franceses dicen, por ejemplo: «Es evidente que los metales no son todos igualmente *ávidos* de oxígeno»... «la dificultad de la reducción debía corresponder necesariamente a una *avidez* muy grande del metal puro para con el oxígeno» (V. Paul de Remusat, *La Chimie á L'Exposition. L'Aluminium,* en la *Revue des Deux Mondes,* 1855, pág. 649).

Ya Vanini *(De admirandis naturae arcanis,* pág. 170) decía: «El abogue se conglomera en el agua, así como en limaduras de plomo y no huye de las limaduras (esto contra una opinión que se cita de Cardano), sino que se recoge en ellas cuanto puede; y si no puede (esto es, recogerse) las deja, según creo, *de mala gana* (invitum), pues por su naturaleza apetece y devora *(appetit et vorat)».*

Claro está que esto es más que lingüístico; pues que atribuye de un modo decisivo voluntad al mercurio, y esto se hallará siempre que se vaya en Física y Química hasta las fuerzas fundamentales y las propiedades de los cuerpos que no cabe derivar ya de otras fuerzas y propiedades que se expresarán entonces con términos pertenecientes a la voluntad y sus manifestaciones. *(N. del A.)*

nos vemos obligados a concebir todo esfuerzo interno como un querer, pero sin que jamás atribuyamos conocimiento a las cosas. La concordancia, tal vez sin excepción, de las lenguas en este punto, atestigua que no es ningún tropo, sino que se determina aquí la expresión de un sentimiento de las cosas profundamente arraigado.

6. Magnetismo animal y magia

Cuando apareció en 1818 mi obra capital, hacía poco aun que apareciera el magnetismo animal. Respecto a la explicación del mismo y por lo que hace a la parte pasiva, a lo que sucede con el paciente, habíase proyectado alguna luz, ya que se hacía servir de principio explicativo la oposición, puesta de relieve por Reil[26], entre el sistema cerebral y el ganglionario; pero aún quedaba a oscuras la parte activa, el agente propiamente tal, mediante el cual provoca el magnetizador esos fenómenos. Tanteábase en todos los principios de explicación material que se hallaba a mano el éter cósmico que lo penetraba todo, como Mesmer, o la evaporación de la piel del magnetizador, tomada cual causa, como Stieglitz, y otras así. Algunas veces elevábanse hasta el fluido nervioso, que no era nada

---

26. Reil, Johann Christian (1753-1813), profesor de Medicina; estudió preferentemente la estructura del sistema nervioso.

más que una palabra para designar algo desconocido. Apenas había quien empezase a aclarar la verdad ateniéndose a la práctica de los iniciados. Por mi parte estaba yo muy lejos todavía de esperar que el magnetismo diese una confirmación directa a mis doctrinas.

Pero *dies diem docet,* y así ha ocurrido de entonces acá que aquel agente tan profundo que, partiendo del magnetizador, provoca afectos al parecer tan opuestos al curso regular de la Naturaleza que es de disculpar lo mucho que se ha dudado de ellos, con terca incredulidad, y el prejuicio de una comisión en que se hallaban Franklin y Lavoisier, y en una palabra todo lo que se ha dicho en contra de ello, tanto en el primero como en el segundo período (excepto el tosco y estúpido prejuicio sin investigación que de poco ha reina en Inglaterra), resulta el tal agente, merced a la gran maestra experiencia, no otra cosa que la *voluntad* del magnetizador. No creo que les quepa hoy la menor duda acerca de esto a los que unen la práctica con la teoría, por lo cual creo superfluo citar las numerosas expresiones de magnetizadores que confirman mi aserto. Resulta, pues, que no sólo se ha corroborado con el tiempo la solución de Puysegur y de los más antiguos magnetizadores franceses, que decían: *veuillez et croyez,* ¡quered y creed!, esto es, «creed con confianza», sino que se ha desarrollado hasta llegar a servir de recta visión del proceso mismo*. Del *Telurismo,*

---

* Ya Puysegur mismo decía en el año 1784: «Cuando habéis magnetizado al enfermo, era vuestro objeto dormirlo, habiéndolo conseguido por el solo acto de vuestra voluntad; por otro acto de voluntad es como le despertaréis (Puysegur, *Magnet. anim.*, 2.ª ed., 1820; *Catéchisme magnetique,* 150-171). (N. del A.)

de Kieser, que sigue siendo el manual más fundamental y extenso de magnetismo animal, se deduce a toda satisfacción que ningún acto magnético es eficaz sin la voluntad, y que, viceversa, la mera voluntad, sin acto externo, puede provocar cualquier efecto magnético. La manipulación parece no ser más que un medio para fijar y a la vez dar cuerpo al acto volitivo y a su dirección. En tal sentido dice Kieser *(Tellur,* t. I, pág. 379): «Nace la manipulación magnética de que son las manos del hombre órganos activos del magnetizar, los órganos que expresan del modo más sensible la actividad del agente (esto es, de la voluntad)». Todavía con mayor precisión se expresa acerca de esto *Lausanne,* un magnetizador francés, en los *Annales du magnétisme animal,* 1814-1816, cuaderno 4, en que dice: «La acción del magnetismo no depende más que de la voluntad, es cierto; pero como el hombre tiene una forma exterior y sensible, todo lo que esté a su disposición, todo lo que tenga que obrar sobre él, ha de tener necesariamente una forma, y para que la voluntad obre, es preciso que emplee un modo de acción». Puesto que, según mi doctrina, el organismo es el mero fenómeno, la sensibilización, la objetivación de la voluntad, y hasta propiamente nada más que la misma voluntad percibida cual representación en el cerebro, resulta que el acto externo de la manipulación coincide con el acto volitivo interno. Pero donde se verifique sin los pases de mano sucede esto de una manera en cierto modo artificiosa, por un rodeo, en cuanto es la fantasía la que sustituye al acto exterior y a las veces hasta a la presencia personal, por lo cual es mucho más difícil, y rara vez se logra. En consecuencia de esto, dice Kieser que la palabra «duerme» obra sobre el sonámbulo más enérgicamente que el mero querer interno del magnetizador. Y, por el contrario, la manipulación y la acción exterior en general, son propiamente un medio infalible para fijar la actividad volitiva del magnetizador, porque no caben actos exteriores sin voluntad alguna, ya que no son más que sensibilización de ella el cuerpo y sus órganos. De aquí se explica el que algunas veces magnetice el magnetizador sin esfuerzo consciente de su voluntad y casi sin pensar en ello, produciendo efecto. Y por esto vemos que en las prescripciones que da Kieser al magnetizador prohíbe terminantemente todo pensar y reflexionar, tanto del médico como del paciente, acerca de la acción y pasión recíprocas, toda impresión exterior que pueda evocar representaciones, toda conversación entre ellos, toda presencia extraña, y hasta la de la luz del día, etc., recomendando que pase todo lo más inconscientemente posible, como también se exige en los tratamientos por simpatía. La verdadera razón de todo esto es que aquí es la voluntad eficaz, en su originalidad, en cuanto cosa en sí, lo que exige que se excluya lo más posible la representación, como campo distinto de aquélla, como algo secundario. Ejemplos de hecho de la verdad de que lo propiamente operativo en el magnetizar es la voluntad, no siendo todo acto externo nada más que un vehículo, hállase en todos los más modernos y mejores escritos acerca de magnetismo, siendo una prolijidad innecesaria el reproducirlos aquí. Voy, sin embargo, a presentar uno, no porque sea especialmente notable, sino porque procede de un hombre extraordinario, teniendo peculiarísimo interés como testimonio suyo. Es Juan Pablo quien

6. Magnetismo animal y magia

dice en una carta (impresa en *La verdad de la vida de Juan Pablo,* t. VIII, pág. 120): «Por dos veces he hecho casi dormir a la señora de K., en medio de mucha gente, y no más que por una mirada de firme voluntad, de la que nadie se dio cuenta, entrándola antes mareos y palidez hasta que tuvo que auxiliarla S.». Aun hoy en día se sustituye a la manipulación ordinaria la mera acción de coger y retener las manos del paciente, mientras mira éste fijamente, y la sustitución se hace con gran éxito, precisamente porque también este acto exterior es a propósito para fijar a la voluntad en dirección determinada. Pero lo que pone más que nada en claro ese poder inmediato que puede ejercer la voluntad sobre otro, son los maravillosos experimentos del Sr. Dupotet y de sus discípulos, llevados a cabo públicamente en París y en los que consiguió por su sola voluntad, sostenida con pocos gestos, doblar a personas extrañas y hasta que hicieran las más inauditas contorsiones*.

---

* En 1854 he tenido el gusto de ver aquí las extraordinarias ejecuciones de este género llevadas a cabo por el Sr. Regazzoni de Bérgamo, ejecuciones en que era innegable el mágico poder de su voluntad sobre otros, y cuya autenticidad no puede ser para nadie dudosa, como no sea para aquel a quien haya rehusado la Naturaleza por completo toda capacidad de comprender estados patológicos, individuos que no deja de haber, y de los que deben hacerse juristas, eclesiásticos, comerciantes o soldados, pero no médicos; ¡jamás, por el cielo!, porque las consecuencias serían mortales, ya que lo capital en la medicina es el diagnóstico. El Sr. Regazzoni podía reducir a completa catalepsia, a su voluntad, a la sonámbula que estaba en relación con él, y hasta llegaba a derribarla hacia atrás con su mera voluntad, sin gesto, estando ella andando y él quieto detrás. Podía paralizarla, darle calambres, que se le dilataran las pupilas, dejarla completamente insensible, y producirle los signos más inconfundibles del estado cataléptico. A una señora del público le hizo tocar el piano, y después, estando

Un ejemplo de otro género para la verdad de que venimos tratando se nos da en las *Comunicaciones acerca de la sonámbula Augusta K. de Dresde,* 1843, en que dice ella misma: «Hallábame en semisueño; mi hermano quiso jugar un juego de él conocido. Le pegué porque no me gustaba el juego. Intentó él volver a las suyas, y fui con mi voluntad opuesta a ello tan lejos, que no pudo ya pensar en su juego, a pesar de sus esfuerzos todos». Pero cuando llega la cosa a su punto culminante es cuando ese poder inmediato de la voluntad se extiende hasta cuerpos inanimados. Por increíble que ello parezca, tenemos

a 15 pasos de distancia detrás de ella, la paralizó, por la voluntad con gesto, de modo que no podía ya ella tocar. Colocola después contra una columna y la encantó tan firmemente, que no podía separarse de allí, a pesar de los mayores esfuerzos. *Según mi observación,* cabe explicar casi todos sus experimentos, porque *aísla el cerebro de la médula espinal,* o por completo, con lo cual se paralizan todos los nervios sensibles y motores, produciéndose la catalepsia completa, o alcanzando la parálisis no más que a los nervios *motores,* con lo que queda la sensibilidad y conserva la cabeza su conciencia en un cuerpo muerto. Así es como obra la estrignina; paraliza no más que los nervios motores, hasta el completo tétanos, que lleva a la muerte por sofocación, dejan intactos los nervios sensibles, y por lo tanto la conciencia. Lo mismo hace Regazzoni con el influjo mágico de su voluntad. Muéstrase claro el instante de ese *aislamiento* por un cierto temblor peculiar que el paciente experimenta. Acerca de los experimentos de Regazzoni y de su autenticidad innegable para todo el que no esté cerrado al sentido de la Naturaleza orgánica, recomiendo un pequeño escrito en francés de L. A. B. Dubourg, *Antoine Regazzoni de Bergame á Francfort sur Mein,* Francfort, nov. 1864, 31 páginas.

En el *Journal du Magnétisme,* ed. Dupotet., del 25 de agosto de 1856, en la crítica del escrito *De la catalepsie, memoire couronne,* 1856, 4.°, dice el crítico Morín «La mayor parte de los caracteres que distinguen a la catalepsia pueden obtenerse artificialmente y sin peligro sobre los sujetos magnéticos, siendo ésta una de las experiencias más ordinarias de las sesiones magnéticas». *(Nota del autor a la 3.ª edición.)*

dos informes de muy diversa procedencia, y ambos en confirmación de lo dicho.

En el libro precitado, páginas 115, 116 y 318, se narra, citando testigos, que esa sonámbula separó la aguja de la brújula una vez 7 grados y otra 4, repitiendo cuatro veces el experimento, y que la separó sin servirse en nada de las manos, por su mera voluntad, fijando la mirada sobre la aguja. En la revista inglesa *Britannia Galignani's Messenger,* del 23 de octubre de 1851, se cuenta que la sonámbula Prudencia Bernard, de París, en una sesión pública verificada en Londres, obligó a una aguja de brújula, con meros movimientos de cabeza, a que siguiese a éstos. Hicieron de jurado *(acted as jurors)* el señor Brewster, el hijo del físico, y dos otros señores del público.

Vemos, pues, que la voluntad, que he establecido como la cosa en sí, lo único real en toda existencia, el núcleo de la Naturaleza, a partir del individuo humano, en el magnetismo animal y por sobre éste, cumple cosas que no cabe explicar, según el enlace causal, esto es, conforme a la ley del curso de la Naturaleza, y que llega hasta suprimir, en cierto modo, esta ley, ejerciendo una efectiva *actio in distans,* mostrando con ello un dominio sobrenatural, esto es, metafísico, sobre la Naturaleza. No sé qué confirmación más fehaciente puedo esperar para mi doctrina.

Lo es hasta tal punto que un magnetizador que sin duda no conoce mi filosofía se ve llevado, a consecuencia de sus experiencias, a añadir al título de su libro *Una palabra sobre el magnetismo animal, los cuerpos anímicos y la esencia de la vida* (1840), por vía de explicación, las notables palabras siguientes: «O prueba física de que la corriente animal magnética es el elemento, y *la voluntad el principio de toda vida espiritual y corporal*». Preséntasenos, pues, desde luego, el magnetismo animal como la *metafísica práctica,* concepto en que la designaba ya, llamándola *magia,* Bacon de Verulam, en su clasificación de las ciencias (*Instauratio magna,* lib. III); es la metafísica empírica o experimental. Como quiera que en el magnetismo animal surge a primera línea la voluntad como cosa en sí, vemos achicado al punto el *principium individuationis* (espacio y tiempo) perteneciente a la mera fenomenalidad; rómpense los límites que separan a los individuos; entre el magnetizador y la sonámbula no establece el espacio separación alguna, apareciendo comunidad de pensamientos y de movimientos volitivos; el estado de clarividencia suplanta al que concierne a la mera fenomenalidad, a las relaciones condicionadas por espacio y tiempo, que son cercanía y lontananza, presente y futuro.

A consecuencia de tal estado de cosas ha ido haciéndose valer poco a poco, elevándose casi hasta la certeza, a pesar de tantas razones y prejuicios a ella opuestos, la opinión de que el magnetismo animal y sus fenómenos son idénticos a una parte de la *magia* de antaño, a aquella famosa arte secreta, de cuya realidad han estado convencidos durante todas las edades no sólo los tan duramente perseguidos siglos cristianos, sino también tantos otros pueblos de la tierra toda, sin exceptuar a los salvajes, y sobre cuya perniciosa aplicación imponen pena de muerte las doce tablas de los romanos, los libros de Moisés y hasta Platón en el libro onceno de las *Leyes*. Que se la tomaba muy en serio, aun en la ilustrada época romana,

6. Magnetismo animal y magia

bajo los Antoninos, pruébalo la hermosa defensa judicial de Apuleyo contra las acusaciones de encantador *(oratio de magia)* que se le dirigieron amenazando su vida, defensa en que no se esfuerza más que en alejar de sí tal reproche, pero sin negar, ni mucho menos, la posibilidad de la magia, entrando a las veces en tan fútiles detalles como los que suelen figurar en los procesos medievales contra las brujas. El siglo pasado es el único que en Europa forma excepción respecto a esta fe, debido a que Baltasar Becker, Tomasius y algunos otros afirmaron la imposibilidad de toda magia con el sano propósito de cerrar para siempre la puerta a los crueles procesos contra las brujas. Esta opinión, favorecida por la filosofía de ese siglo, logró entonces sobreponerse, si bien no más que entre las clases ilustradas y cultas. El pueblo no ha dejado nunca de creer en la magia, ni aun en Inglaterra, cuyas clases ilustradas, por el contrario, con una fe de carbonero en cosas de religión, fe que las rebaja, saben unir una inquebrantable incredulidad a lo Santo Tomás o a lo Tomasius, respecto a todos los hechos que se salen de las leyes del choque y el contrachoque o de los ácidos y álcalis, sin que quieran confesar, con su gran compatriota, que hay en el cielo y en la tierra más cosas que las que puede soñar su filosofía. Una rama de la antigua hay que se ha mantenido patente en el pueblo, en el ejercicio diario, merced a su beneficioso intento, y es la de las curas por simpatía, de cuya realidad no cabe dudar. Una de las más comunes es la cura simpática de las verrugas, cuya eficacia confirmó ya, por propia experiencia, el cauto y empírico Bacon de Verulam *(Silva silvarum,* par. 97). Tenemos, además, que es tan frecuente y con éxito, la conjura de la erisipela, que nada cuesta convencerse de ello, así como la de la fiebre y otras. No necesita explicación alguna, en vista de lo que llevamos dicho acerca del magnetismo, lo de que aquí el agente propiamente tal no son las palabras y ceremonias sin sentido, sino la voluntad del que hace la cura, como en el magnetizador. Ejemplos de curas por simpatía se hallan en el *Archivo de magnetismo animal,* de Kieser. Así, pues, estos dos hechos, el magnetismo animal y las curas por simpatía, acreditan empíricamente la posibilidad de una acción mágica, opuesta a la física, acción que rechazó tan perentoriamente el siglo pasado, no queriendo admitir como posible más que la física, producida por el nexo causal concebible.

Es una feliz circunstancia el que la confirmación de este modo de ver, aparecida en nuestros días, haya salido de la ciencia médica, porque ésta garantiza el que no ha de recibir un fuerte impulso en contrario el péndulo de la opinión, ni hemos de volver a la superstición de los tiempos rudos.

No es, empero, como se ha dicho ya, más que una parte de la magia aquella, cuya realidad se ha salvado por el magnetismo animal y las curas por simpatía; abarcaba mucho más aún, gran parte de la cual fue ahogada por los juicios condenatorios, pudiendo sospecharse que fue tenida en aprecio otra parte por su analogía con el magnetismo animal. Éste, en efecto, y las curas por simpatía, no nos ofrecen más que beneficiosas impresiones, conducentes a la salud, y semejantes a las que se nos presentan en la historia de la magia como obra de los llamados en España *saludadores* (Del Río, *Disq. mag.,* lib. III, P. 2 y 4, pág. 7, y Bodino, *Mag. daemon,* III, 2), que sufrieron

6. Magnetismo animal y magia

también las condenaciones de la Iglesia. Pero la magia se empleaba más a menudo, por el contrario, con intención dañina. A juzgar por la analogía, es más que verosímil que la fuerza insidente, que obrando inmediatamente sobre el individuo extraño puede ejercer un influjo saludable, pueda obrar también sobre él, tan poderosamente cuando menos, de una manera perjudicial y perturbadora. Y si es que tuvo realidad alguna parte de la antigua magia, fuera de la reductible al magnetismo animal y a la cura simpática, fue de seguro aquella que se designaba con los nombres de *maleficium* y *fascinatio* y que dio ocasión a los más de los procesos por brujería. En el libro de Most acerca de las curas simpáticas, se encuentran un par de hechos que hay que contar entre los *maleficios,* y también en el *Archivo,* de Kieser, y en las historias de enfermos narradas por Bende Bendsen (del tomo IX al XII), ocurren casos de enfermedades transmitidas, sobre todo a perros, que murieron de ellas. Que era conocida ya de Demócrito la *fascinatio* y que intentó explicarla como hecho, lo vemos en las *Symposiacae quaestiones,* de Plutarco, *Quaes.* V, 7, 6. Si se aceptan como verdaderos estos relatos, tiénese ya la clave del crimen de las brujas, pues no podía carecer de todo fundamento la celosa persecución de que eran blanco. Y aun cuando en la mayor parte de los casos reposara en un error y abuso, no por esto debemos creer tan ciegos a nuestros abuelos que vayamos a suponer que hubieran perseguido con tanto ahínco y por tantos siglos un crimen que ni aun posible fuese. Resúltanos también comprensible, desde este punto de vista, el porqué el pueblo atribuye tercamente en todas partes y hasta el día de hoy ciertas enfermedades al *maleficio* (mal de ojo), sin que se pueda disuadirle de ello. Y como quiera que el progreso de los tiempos nos ha movido a no considerar una parte de aquel arte desacreditado como cosa tan vana como el siglo pasado la creyó, en ninguna parte resulta más necesaria que aquí cierta cautela para entresacar algunas verdades de la monserga de patrañas, engaños e insensateces, como las que se nos conservan en los escritos de Agripa de Nettesheim, Wierus Bodinus, Del Río, Bindsfeldt y otros. El engaño y la mentira, tan frecuentes por dondequiera, no tienen campo más libre que aquel en que puede suponerse que se han abandonado y hasta suprimido las leyes de la Naturaleza. Y por esto vemos que sobre la estrecha base de lo poco que puede ser verdadero en la magia, se levanta un colosal edificio de cuentos, de aventuras, y de los más extravagantes relatos, y que a consecuencia de ello se llevan a efecto durante siglos las mayores crueldades; en donde vemos cómo gana la mano la reflexión psicológica a la receptibilidad del intelecto humano para el absurdo más increíble, y la prontitud del corazón humano para sellarlo con crueldad.

Lo que ha modificado hoy en día en Alemania el juicio de los doctos acerca de la magia no es tan sólo el magnetismo animal, sino también el que haya sido preparada en sus más profundas bases esa variación de criterio por la transformación aportada por Kant a la filosofía, que es lo que en este, lo mismo que en otros respectos, establece una diferencia fundamental entre la cultura alemana y las demás de Europa.

Para poder sonreírse de anticipado al oír hablar de simpatía secreta o de acción mágica, es preciso hallar al

6. Magnetismo animal y magia

mundo por completo comprensible, cosa que no cabe le suceda más que a aquel que lo mira con superficial mirada, sin sospechar siquiera que estamos sumidos en un mar de enigmas y de incomprensibilidades, y que no conocemos inmediatamente a fondo las cosas ni a nosotros mismos. La opinión opuesta a ésta es la que hace precisamente que casi todos los grandes hombres, independientemente de tiempo y nacionalidad, hayan tenido un cierto tinte de supersticiosos. Si nuestro modo natural de conocer fuera tal que nos procurase inmediatamente las cosas en sí y, por lo tanto, relaciones absolutamente verdaderas de las cosas y sus respectos, estaríamos autorizados a rechazar *a priori* e incondicionalmente, por consiguiente, toda presciencia del futuro, todas las apariciones de ausentes o de moribundos, o aun de difuntos, y toda influencia mágica. Mas si, como enseña Kant, lo que conocemos no es más que meros fenómenos, cuyas formas y leyes no se extienden a las mismas cosas en sí, es evidentemente precipitado rechazar tales fenómenos, puesto que se apoya el tal rechazo en leyes cuya apriondad se limita a los fenómenos, quedando fuera de ellas las cosas en sí, a que tiene también que pertenecer nuestro propio yo interno. Y son éstas precisamente, las cosas en sí, las que pueden tener con nosotros relaciones de que broten los citados procesos, sobre que hay que esperar decisión *a posteriori,* sin anticiparnos a ella. El que los ingleses y franceses se obstinen en rechazar *a priori* la autenticidad de tales procesos, depende de que están todavía en lo esencial sometidos a la filosofía lockiana, según la cual no conocemos la cosa en sí más que por la impresión sensible y sacándola de ésta, teniéndose, en consecuencia, por incondicionadas las leyes del mundo material y sin hacer valer otra que el *influjo físico*. Creen, por lo tanto, en una física, pero no en metafísica alguna, y no estatuyen otra magia más que la llamada «magia natural», expresión que encierra la misma *contradictio in adiecto* que «física sobrenatural», a pesar de lo cual empléasela en serio innumerables veces, y a esta otra expresión una sola vez, y ella en broma, por Lichtenberg. El pueblo, por el contrario, con su siempre pronta fe en influencias sobrenaturales en general, expresa a su modo aunque sólo sea sentida, la convicción de que lo que percibimos y comprendemos no son más que fenómenos y no cosas en sí. Y para que no se me diga que esto es ya demasiado, voy a transcribir aquí un pasaje del *Fundamento de la metafísica de las costumbres* de Kant. Dice así: «Hay una observación que no exige de sutil meditación, sino que puede hacerla el entendimiento más vulgar, si bien a su manera, mediante una oscura distinción del juicio, que llama él sentimiento, y es la tal observación la de que todas las representaciones que nos ocurren sin nuestra voluntad (como las de los sentidos) no nos dan a conocer los objetos más que como nos afectan, quedándosenos desconocido lo que puedan ser en sí, y que por lo que a este género de representaciones hace, ni aun con la mayor atención y claridad que demos al entendimiento, logramos alcanzar más conocimiento que el de los *fenómenos* y jamás el de las *cosas en sí*. Una vez hecha esta distinción, síguese que hay que aceptar detrás del fenómeno alguna otra cosa que no es ya fenómeno, o sea la cosa en sí».

Si se lee la historia de la magia, escrita por Tiedemann, bajo el título de *Disputatio de quaestione, quae fuerit artium magicarum origo. Marb,* 1787, obra premiada por la Sociedad de Gotinga, asómbrase el que la lea de la perseverancia con que, a pesar de tantos contratiempos, ha proseguido la Humanidad en todo tiempo y lugar los pensamientos de la magia, infiriéndose de aquí que tiene que haber para ello una profunda razón, por lo menos en la naturaleza humana, si es que no en las cosas en general, sin que pueda ser un capricho arbitrario. Aunque discrepan los escritores al dar la definición de magia, no cabe desconocer su pensamiento fundamental. En todos los tiempos y en los pueblos todos ha dominado la idea de que fuera del arte regular de producir alteraciones en el mundo mediante el nexo causal de los cuerpos, ha debido haber otro enteramente distinto de él, que no repose en el nexo causal; de donde resulta que aparecen patentemente absurdos sus medios, si se los concibe en el sentido del primer arte, en cuanto salta a los ojos la disconformidad de la causa aplicada respecto al efecto que se busca y lo imposible del nexo causal entre ellos. Sólo que la presuposición que aquí se hacía era la de que fuera del enlace externo, debida al *nexum physicum,* entre los fenómenos de este mundo, tenía que existir otro, extensible por la esencia en sí a todas las cosas y a la vez un enlace subterráneo, gracias al cual se pudiera obrar desde un punto del mundo fenoménico inmediatamente sobre otro cualquier punto de él, por un *nexum metaphysicum;* que, por lo tanto, debía ser posible una acción sobre las cosas ejercidas desde dentro, en vez de la ordinaria desde fuera, una acción del fenómeno sobre el fenómeno, merced a la esencia en sí, que es una y la misma en todos ellos; que así como somos causales en cuanto *natura naturata,* debemos también ser capaces de una acción en cuanto *natura naturans,* y que por el momento podíamos hacer valer al microcosmo como macrocosmo; que por muy sólidas que sean las barreras de la individuación y su separación del resto, habían de permitir en ocasiones una comunicación por detrás de las bambalinas, o por debajo de la mesa, como juego familiar; y que así como en la clarividencia sonambúlica se da una supresión del aislamiento del conocer, podría también suprimirse el aislamiento individual de la voluntad. Semejantes ideas no pueden haber nacido empíricamente, ni puede ser su confirmación por la experiencia lo que las haya mantenido en todos los pueblos durante los tiempos todos, puesto que en la mayoría de los casos ha de haberle sido adversa la experiencia. Opino, por lo tanto, que hay que ir a buscar muy en lo hondo el origen de esa idea tan universal en la Humanidad toda, y tan inextinguible a pesar de oponérsele tanto la experiencia y de ser opuesta al sentido común, y creo que ese origen está en el íntimo sentido de la omnipotencia de la voluntad en sí, de aquella voluntad que es la esencia íntima del hombre y a la vez de la Naturaleza toda, y en la presuposición consiguiente a tal sentido, de que la tal omnipotencia puede hacerse valer por el individuo, por lo menos una vez y de algún modo. No había nadie capaz de investigar y discernir qué es lo que podía ser posible a esa voluntad como cosa en sí, y qué como fenómeno individual; sino que se suponía sin más, que podía en ciertas circunstancias romper los diques de la individuación, pues aquel sentido contrariaba constantemente a la noción sacada de la experiencia de que, como dijo el poeta, «el Dios

6. Magnetismo animal y magia

que habita en mi seno puede remover profundamente mis entrañas; pero el entronizado sobre mis fuerzas todas nada puede mover hacia fuera».

Conforme a las ideas fundamentales que acabamos de exponer, en todos los ensayos de magia no se ha tomado el medio físico empleado más que como vehículo de algo metafísico, puesto que, por lo demás, era evidente que tenía relación alguna con el efecto propuesto. Tales medios eran palabras extrañas, actos simbólicos, figuras desdibujadas, imágenes de cera, etc. Y conforme a aquel sentimiento originario vemos que lo transmitido por tales vehículos era siempre, en fin de cuenta, un acto de la voluntad, que se anudaba a él. La naturalísima ocasión de esto era el que se advertía a cada momento en los movimientos del propio cuerpo un influjo de la voluntad completamente inexplicable, y por lo tanto claramente metafísico, y ¿no había de poder extenderse esto a otros cuerpos? Hallar el camino para suprimir el aislamiento en que se halla la voluntad en cada individuo logrando así un ensanche de la esfera inmediata de la voluntad sobre el cuerpo propio del que quiere, tal era el propósito de la magia.

Faltaba, sin embargo, mucho para que hubiese llegado a clara conciencia, reconociéndola *in abstracto,* esa idea fundamental de donde parece haber brotado propiamente la magia, y mucho, por lo tanto, faltaba para que la magia se hubiese dado cuenta de sí misma. Tan sólo en algunos escritores, pensadores y doctos de más antiguos siglos hallamos –como podría probarlo con citas– la clara idea de que estriba en la *voluntad* misma la fuerza mágica, y de que los signos y actos extravagantes, juntamente con las palabras sin sentido que los acompañan y que sirven de medio de conjuro para los demonios, no son más que meros vehículos y medios fijativos de la *voluntad,* mediante los cuales el acto volitivo, que ha de obrar mágicamente, deja de ser un mero deseo y se hace acto, recibe un *cuerpo* (como dice Paracelso), entregándosele en cierto modo la exposición expresa de la voluntad individual, que hace valer como voluntad en general o voluntad en sí. Pues en todo acto mágico, cura simpática o lo que fuese, la acción externa (el medio unitivo) es precisamente lo que en el magnetizar son los pases, no lo esencial, sino el vehículo, aquello por lo cual la voluntad, que es el único agente propiamente tal, recibe su dirección y fijación en el mundo corpóreo y entra en la realidad, siendo por esto imprescindible por lo común. En los demás escritores de aquellos tiempos lo único que aparece asentado, correspondiendo a aquella idea fundamental de la magia, es el fin de lograr mediante el albedrío un dominio absoluto sobre la Naturaleza. Pero no podían elevarse a la idea de que hubiese de ser inmediato tal dominio, sino que lo imaginaban como *mediato,* puesto que las religiones de los pueblos habían puesto por dondequiera a la Naturaleza bajo el señorío de dioses y demonios. Y ahora bien; el doblegar a éstos a voluntad, el moverlos y aun obligarlos a que se pongan al servicio del hombre, era el servicio del mágico, atribuyendo a él cuanto pudiese alcanzar; precisamente lo mismo que Mesmer atribuyó en un principio el éxito de su magnetización al imán o barra magnética que llevaba en las manos, en vez de atribuírselo a su voluntad, que era el verdadero agente. Así se tomó la cosa en todos los

6. Magnetismo animal y magia

pueblos politeístas y así entendían la magia, como *teurgia,* Plotino y especialmente Yámblico, expresión esa de teurgia empleada primero por Porfirio. Tal interpretación era favorable al politeísmo, esta aristocracia divina, en cuanto divide el señorío sobre las diversas fuerzas de la Naturaleza entre sendos dioses y genios que, por lo menos en su mayor parte, no eran nada más que fuerzas naturales personificadas, y de entre las cuales se ganaba el mágico o hacía que se pusieran a su servicio a ésta o a aquélla. Pero en la monarquía divina, en que obedece la Naturaleza toda a uno solo, habría sido idea demasiado osada la de entrar en comercio privado con él, o la de querer ejercer sobre él señorío alguno. De aquí el que donde dominaron el judaísmo, el cristianismo o el islam, salió al paso de esa interpretación la omnipotencia del Dios único, con el que no podía atreverse el mágico. No le quedó, pues, más recurso que refugiarse en el diablo, rebelde o descendiente inmediato de Ariman, a quien seguía concediéndose algún poder sobre la Naturaleza, y con el cual cerraba trato, asegurándose así de su ayuda. Tal era la «magia negra». Su opuesta, la blanca, era aquella en que el encantador no se amistaba con el diablo, sino que buscaba el permiso y aun la cooperación del Dios único, por intercesión de los ángeles y más a menudo nombrando los extraños nombres y títulos hebraicos del mismo, como Adonai, etc., evocaba a los diablos y los reducía a obediencia, sin prometerles nada por su parte, lo cual era una victoria sobre el infierno (v. Del Río, *Disq. mag.* lib. II, q. 2. *Agrippa a Nettesheym de vanit. scient.,* c. 45). Pero hasta tal punto se tomaba por la esencia de la cosa y como procesos objetivos estas meras interpretaciones y vestiduras de ella, que todos los escritores que no conocían la magia por propia práctica, sino de segunda mano, como Bodino, Del Río, Bindsfeldt, etc., determinan su esencia diciendo que es un obrar, no por fuerzas ni por vías naturales, sino con ayuda del demonio. Ésta era y sigue aún siendo en dondequiera la opinión corriente, modificada localmente según las religiones de cada país; fue el fundamento de las leyes contra los encantamientos y de los procesos contra las brujas; e igualmente se dirigían por lo regular contra ella las objeciones a la posibilidad de la magia. Semejantes concepción e interpretación *objetivas* de la cosa, tenían empero, que producirse necesariamente, a causa del decidido realismo que reinaba en Europa, tanto en la Antigüedad como en la Edad Media, realismo quebrantado por vez primera por Descartes. Hasta éste no había aún aprendido el hombre a dirigir su especulación a las misteriosas profundidades de su propio interior, sino que buscaba todo fuera de sí. Y el hacer señora de la Naturaleza a la voluntad, a la que halló en sí mismo, era una idea tan atrevida que se hubiera chocado de querer establecerla, por lo cual se la hacía señora de fingidos seres, a que la superstición dominante atribuía poder sobre la Naturaleza, para lograr así hacer a aquélla dueña, siquiera mediata, de ésta. Por lo demás, los demonios y dioses de todo género son siempre hipóstasis, mediante las cuales los creyentes de toda secta y tinte se hacen concebible lo *metafísico,* lo que está *detrás* de la Naturaleza, y participantes de su existencia y constitución y dominadores, por lo tanto. Así, pues, cuando se dice que la magia obra con ayuda de los demonios, el sentido que sirve de base a esta idea es siempre el de que es una acción no por vía física, sino *metafísica*, no natural, sino sobrenatural. Si reconocemos, pues, en lo poco real y efectivo que habla en favor de la realidad de la magia, es, a saber, en el magnetismo animal y las curas simpáticas, no otra cosa más que una inmediata acción de la voluntad, que exterioriza aquí su fuerza inmediata fuera del individuo volitivo, como en todos los demás casos dentro de él; y si vemos que, como he mostrado y probado con citas decisivas y nada ambiguas, que todos los profundamente iniciados en la antigua magia no derivaban sus afectos todos de otra cosa más que de la voluntad, resultará un ejemplo vivamente empírico de mi doctrina de que lo metafísico en general, lo único existente fuera de la representación, la cosa en sí del mundo, no es más que lo que conocemos en nosotros con el nombre de *voluntad*.

Ahora bien, si aquellos mágicos creían que el dominio inmediato que a las veces puede ejercer la voluntad sobre la Naturaleza es un dominio meramente mediato, con ayuda de los demonios, no podía esto ser obstáculo alguno a su acción donde quiera y cuando quiera que pudiese verificarse. Pues precisamente por ser en cosas de este género activo la voluntad en sí, en su originalidad y separada, por lo tanto, de la representación, no pueden invalidar su acción falsos conceptos del intelecto, sino que se separan aquí la teoría y la práctica, sin que la falsedad de aquélla sea óbice a ésta, ni capacite tampoco para la práctica una exacta teoría. Mesmer[27] atribuyó en

---

27. Mesmer, Franz Anton (1734-1815), fundador de la doctrina del magnetismo animal.

un principio su acción a la varita magnética que llevaba en la mano, explicando la maravilla del magnetismo animal por una teoría materialista, por un fino fluido que penetra en todo, sin que a pesar de tal doctrina dejase de obrar con asombroso poder. He conocido a un propietario rural cuyos colonos estaban acostumbrados desde antiguo a que les expulsara el señor amo los accesos de fiebre con un conjuro, y aunque estaba convencido de la imposibilidad de todas las cosas de este género, hacía, por su natural bondadoso, según la tradicional manera, lo que los aldeanos querían, y a menudo con éxito favorable, atribuyéndolo a la firme confianza de sus colonos y sin ocurrírsele que semejante confianza debía hacer que obtuviese resultado la a menudo inútil medicina en muchos enfermos muy confiados.

Ahora bien; aun cuando la teurgia y la demonomagia eran mera interpretación y vestidura de la cosa, mera corteza en que se quedaban los más, no por eso han faltado gentes que, mirando a lo hondo, hayan reconocido muy bien que lo que obraba en algunos influjos mágicos no era otra cosa que la *voluntad*. Mas no hemos de buscar a éstos que vieron hondo entre los que se presentaron extraños y hasta hostiles a la magia, que son precisamente los autores de los más de los libros acerca de ella; son gentes éstas que no conocen la magia más que por los tribunales y la audición de testigos; que no describen, por lo tanto, más que el lado exterior de ella, y que hasta se callan prudentemente los procedimientos peculiares que les fueron tal vez confesados, para no extender el repugnante vicio de la brujería. De esta clase son Bodino, Del Río, Bindsfeldt y otros. Adonde tenemos que ir a

6. Magnetismo animal y magia

buscar conclusiones acerca de la esencia propia de la cosa es a los filósofos y naturalistas de aquellos tiempos de superstición reinante. De su manera de expresarse surge lo más claramente posible que en la magia, enteramente lo mismo que en el magnetismo animal, el agente propio no es otro que la *voluntad*. Para probarlo tengo que aducir algunas citas.

Ya Rogelio Bacon, en el siglo XIII, dice: «... Porque, además, si algún alma maligna piensa fuertemente en la infección de otra, y la desea con ahínco, tendiendo a ella segura de su éxito, y considerando con vehemencia que puede dañar, no hay duda de que la naturaleza obedezca a los pensamientos del alma» (S. Rogeri Bacon, *Opus Manns.*, Londini, 1733, pág. 252). Pero quien especialmente da explicaciones acerca de la esencia íntima de la magia, como pueda darlas otras, sin temor de describir sus procedimientos, es Teofrasto Paracelso[28]. Dice, entre otras cosas: «Notamos semejante cosa en las imágenes de cera; así, si llevo en mi voluntad enemistad contra otro, tiene que cumplirse por un *medium,* esto es, un *cuerpo.* Es, pues, posible que mi espíritu, sin ayuda de mi cuerpo, dé o hiera a otro con mi espada, gracias a mi *interior deseo.* Es también posible que por mi *voluntad* reduzca el espíritu de mi adversario a la imagen y le atormente y martirice allí, a mi sabor... Debéis saber que la eficacia de la *voluntad* es un gran punto en la Medicina. Pues es posible que a uno que no se desee nada bueno y se odie a sí mismo, le sobrevenga aquello, maldiciéndose así, porque la maldición viene por orden del espíritu. Es, pues,

---

28. Paracelso, Teofrasto (1493-1541), famoso médico y alquimista suizo.

posible conjurar a las imágenes en enfermedades, etc. Consíguese también tal efecto sobre las reses, y más fácilmente en ellas que en los hombres; pues el espíritu del hombre se defiende mejor que el de las bestias...». «De aquí se sigue que una imagen embruja a otra, no gracias a la fuerza del carácter o cosa parecida, por cera virgen, sino que la imaginación vence a su propia constelación, que se hace un medio para cumplir la voluntad de su cielo, es decir, de su hombre.» «Todo imaginar del hombre viene del corazón; el corazón es el sol en el microcosmo. Y todo imaginar del hombre va desde el pequeño sol del microcosmo al sol del gran mundo, corazón del macrocosmo. Así, pues, es la imaginación del microcosmo una semilla que se materializa, etc.» «Os es bastante sabido lo que hace la firme imaginación, que es un principio de toda obra mágica.» «Así también mi pensamiento es visión de un fin. Ahora bien; puedo no volver el ojo con mis manos allí, sino que mi imaginación vuelve lo que yo quiero. Y así ha de entenderse también del andar; lo deseo, me lo propongo, y se mueve mi cuerpo, y, cuanto más rápido mi pensamiento, corro con mayor rapidez. No es, pues, más que la imaginación la motora de mi carrera.» «Una imaginación que se emplee contra mí puede emplearse tan vigorosamente que pueda morirme por la imaginación de otro.» «La imaginación sale del deseo y el apetito; el deseo da envidia, odio, pues tienes deseo en que no prosperen. Y si tienes deseo se sigue la obra de la imaginación. Este deseo tiene que ser tan rápido, ávido, vehemente, como el de una mujer embarazada, etc. Una maldición común resulta comúnmente verdadera; ¿por qué?, porque sale del corazón, y en el salir del corazón está y se produce la semilla. Las maldiciones paternas y maternas salen también del corazón. La maldición de los pobres es también imaginación, etc. La maldición del preso, no más que imaginación; tampoco sale del corazón... Así, pues, si uno quiere herir o dañar a otro con su imaginación, tiene primero que atraerse la cosa o instrumento, pudiendo entonces imprimírsela, pues lo que viene se puede emitir de nuevo por el pensamiento, como si fuese con las manos... Las mujeres sobrepujan a los hombres en tales imaginaciones... por ser más acendradas en la rabia.» «La magia es una gran sabiduría oculta, así como la razón es una gran locura pública... Contra el hechicero no sirve armadura alguna, pues hiere al hombre interior, al espíritu de la vida... Algunos hechiceros hacen una imagen en figura de un hombre en quien piensan, y le clavan una aguja en las plantas; el hombre queda invisiblemente herido y estropeado, hasta que se le saca la aguja.» «Hemos de saber que, sólo por la fe y nuestra fuerte imaginación, podemos reducir a una imagen (figurilla) el espíritu de un hombre... No se necesita conjuro alguno, sin que sean más que juegos de mano y seducciones las ceremonias, círculos, el quitar las ramas de un árbol, los sellos, etc. Se hacen *homunculos* y figurillas, etc., y en ellas se cumplen todas las operaciones, fuerzas y voluntades de los hombres... Gran cosa es el ánimo del hombre, cosa que nadie puede expresar; como Dios mismo es eterna e imperecedera el alma humana. Si conociéramos bien los hombres nuestras almas, no habría nada imposible para nosotros en la tierra... La perfecta imaginación, que viene de los astros, nace en el alma.» «La imaginación se confirma y completa por la fe de que suceda verdaderamente; pues cualquier duda quebranta la obra. La fe debe corroborar a la imaginación, porque la fe refuerza a la voluntad... Pero el que el hombre no imagine siempre perfectamente ni crea perfectamente, hace que haya que llamar inciertas a las artes, por muy seguras que sean.» Como aclaración de este último pasaje puede citarse otro de Campanella, en su libro *De sensu rerum et magia,* en que dice: «Hacen otros que el hombre no pueda yacer con mujer con sólo que lo crea; pero no cabe hacer el que pueda lo que no crea poder» (lib. IV, cap. 18).

En el mismo sentido se expresa Agrippa de Nettesheim[29], *De occulta philosophia,* lib. I, cap. 66: «No menos se sujeta el cuerpo a alma ajena que a ajeno cuerpo»; y capítulo 67: «Lo que dicta el alma del que odia con fuerza, tiene eficacia de dañar y destruir, y lo mismo en lo demás que afecta el alma con fortísimo deseo. Pues todo aquello que obra y dicta con caracteres, figuras, palabras, gestos y cosas análogas son ayudas de los apetitos del alma, adquiriendo ciertas admirables virtudes, ya del alma del laborante en aquella hora en que el apetito ese la invade más, ya por influjo celeste que de tal modo mueve el ánimo». Cap. 68: «Hay en las almas de los hombres cierta virtud de mudar y ligar cosas y hombres a aquello que se desea, y todo le obedece, cuando se transporta a un gran exceso de una pasión o virtud cualquiera, hasta el punto de sobreponerse a aquellos a quienes liga. La raíz de esta ligazón es el afecto vehemente del alma».

---

29. Agripa de Nettesheim (1486-1535), defensor de una teosofía platónico-cristiana, expuesta en su obra *De occulta philosophia.*

6. Magnetismo animal y magia

Lo mismo Julio César Vannini, *De admir. naturae arcan.*, lib. IV, dial. 5: «La imaginación vehemente, a que obedecen espíritu y sangre, cumple realmente lo concebido en la mente no sólo hacia dentro *(intra)*, sino también hacia fuera *(extra)*». «Añádese el dicho de Avicena: el camello cae por la imaginación de alguno.»

Lo mismo habla Juan Bautista van Helmont, empeñándose en rebatir el influjo del diablo en la magia, para atribuírselo a la voluntad. De la gran colección de sus obras, *Ortus medicinae,* citaré algunos pasajes, mencionando los escritos en que se hallan:

Recepta iniecta, par. 12: «Como el enemigo de la Naturaleza (el diablo) no puede llevar por sí mismo a cabo la misma aplicación, suscita en la hechicera una idea de fuerte deseo y odio, para que, por mutación de estos medios mentales y libres, transfiera su querer a lo que intenta, hacia donde en primer lugar prescribe en sus odiosísimas puercas execraciones, con idea de deseo y de terror». Par. 13: «Porque este deseo, que es pasión del imaginante, crea así la idea, no vana, sino ejecutiva y movedora de encantamiento». Par. 19: «Ya demostré que la fuerza del encantamiento depende de la idea natural de la hechicera».

De iniectis materialibus, par. 15: «La hechicera, por ser natural, forma imaginativamente una idea libre, natural y dañina... Las hechiceras obran por virtud natural... El hombre envía otro medio ejecutivo, emanativo y mandativo para encantar al hombre, medio que es la idea de un fuerte deseo. Es inseparable en el deseo el conseguir del desear».

De sympatheticis mediis, par. 2: «Las ideas de deseo yacen, por modo de influencias celestes, en el propio objeto, por muy remotas que de él se hallen en lugar. Diríganse por el deseo que las especifica el objeto».

De magnetica vulnerum curatione, par. 76: «Hay, pues, en la sangre cierto poder extático, que, si se le excita con ardiente deseo, puede llevarse a cualquier objeto ausente por espíritu del hombre exterior, pues este poder late en el hombre exterior, como en potencia, y no se mueve al acto si no es excitado a obrar, encendida la imaginación con ferviente deseo o por cualquier arte». Par. 98: «El alma, enteramente espíritu, de ningún modo podría mover y concitar al espíritu vital (corpóreo, ciertamente), ni mucho menos a la carne y los huesos si no descendiese de ella al espíritu y al cuerpo cierta fuerza natural, mágica y espiritual. Dime a qué pacto obedecería el espíritu corpóreo por mandato del alma, si el mandato no fuese para mover al espíritu, y después al cuerpo. Objetarás al punto contra esta motriz mágica, que está dentro de su concreto y natural hospicio, y que, si le llamamos mágica, hay extorsión y abuso del nombre, visto que la verdadera y supersticiosa magia no toma su base del alma, y que no vale el alterar con ella cosa alguna, moviéndola fuera del cuerpo. Respondo que la fuerza y magia natural del alma, la que obre fuera de él, por virtud de la imagen de Dios que es, late oscura en el hombre, como durmiendo (después de la prevaricación) e indigna de excitación, fuerzas que están siempre en nosotros, como soñolientas o ebrias, bastando para cumplir sus oficios en el cuerpo. Así es como duermen la ciencia y el poder mágicos, para obrar en el hombre a una sola señal». Par. 102: «Satanás excita esta fuerza mágica (por lo demás durmiente e impedida por la ciencia del hombre exterior) en sus siervos, poniéndola a su servicio, siendo a la vez espada en mano del poderoso, es decir, de la hechicera. Ni para llevarles al homicidio se sirve Satanás de otra cosa que de la excitación de la dicha potestad soñolienta». Par. 106: «La hechicera mata a un caballo que está ausente en su establo; derívase, pues, cierta virtud natural del espíritu de la hechicera y no de Satanás, virtud que oprime o estrangula al espíritu vital del caballo». Par. 139: «Llamo espíritus patronos del magnetismo no a los que bajan del cielo, y mucho menos a los infernales, sino que hablo de aquellos que nacen en el mismo hombre, como del pedernal el fuego. Tómase, pues, por la voluntad humana un poquito de espíritu vital influyente, asumiendo éste entidad ideal, como forma para su complemento. Y una vez alcanzada esta perfección, el espíritu ocupa un lugar intermedio entre los cuerpos y los no cuerpos. Envíase a aquél, a quien se dirige la voluntad, una entidad ideal... no restringiéndose ningún imperio de lugar, tiempo o dimensiones, no siendo tampoco ni demonio ni efecto alguno de ente, sino que es cierta acción espiritual de él, natural y nativa en nosotros». Par. 168: «He diferido hasta aquí el propalar el gran misterio, es, a saber: el mostrar que está a mano la energía; conque, sin más que su fantasía y albedrío, puede obrarse fuera de sí mismo e imprimir alguna virtud, perseverando después la influencia y obrando sobre objeto lejano».

También P. Pomponazzi *(De incantationibus. Opera. Basil,* 1567, pág. 44) dice: «Sucede que hay hombres tales que tienen en potencia fuerzas de éstas obrando con acto por fuerza imaginativa y desiderativa, saliendo tal virtud al acto, y afectando a la sangre y al espíritu, que, por evaporación, tienden hacia fuera produciendo tales efectos».

Quien ha dado muy notables conclusiones de este género ha sido Juana Leade, discípula de Pordage, teósofa mística y visionaria en Inglaterra, en tiempo de Cromwell. Llegó a la magia por una vía enteramente peculiar. Así como en todos los místicos, el rasgo característico fundamental de Juana Leade es el de enseñar la unificación del propio yo con Dios. Pero, según ella, a consecuencia de la unión de la voluntad humana con la divina, participa aquélla de la omnipotencia, alcanzando así el poder mágico. Resulta, pues, que lo que otros hechiceros creían deberse a su pacto con el diablo, atribúyelo ella a su unificación con Dios, siendo, por lo tanto, su magia blanca, en el sentido más eminente. Por lo demás, no produce esto diferencia alguna en el resultado y en la práctica. Era Juana reservada y misteriosa, como convenía a su tiempo; pero se ve, sin embargo, que no era eso en ella un corolario teórico nada más, sino que había brotado de ulteriores conocimientos y experiencias. El pasaje capital está en su *Revelación de las revelaciones,* y sobre todo en la página en que se describe el «poder de la voluntad abandonada». De este libro ha tomado Horst, en su *Biblioteca de magia,* tomo I, el siguiente pasaje, que es más un resumen que una cita literal: «La fuerza mágica pone a aquellos que la poseen en estado de dominar y renovar la creación, esto es, los reinos vegetal, animal y mineral; de modo que si cooperan *muchos* en *una sola* fuerza mágica podría hacerse paradisíaca a la Naturaleza... ¿Cómo llegamos a esta fuerza mágica? Con el nuevo nacimiento por la fe, esto es, por la conformidad de nuestra *voluntad* con la *voluntad* divina, puesto que la fe nos somete el mundo en cuanto tiene por consecuencia la conformidad de nuestra *voluntad* con la divina, y que todo sea nuestro y tenga que obedecernos, como dice San Pablo». Hasta aquí Horst. En la mencionada obra de J. Leade expónese que Cristo ha obrado sus milagros por la potencia de su voluntad, en cuanto dijo al leproso: «Lo *quiero;* sé purificado». Mas a las veces dejábalo a la voluntad de aquellos que observaba tenían fe en él, al decirles: «¿Qué queréis que os haga?», puesto que no hubiera obrado en ellos menos que lo que deseaban que se les hiciera por el señor en su voluntad. Merece que consideremos estas palabras de nuestro Salvador, en vista de que la *suma magia* consiste *en la voluntad,* en cuanto se pone en unión con la voluntad del Altísimo, y si estas dos ruedas van a la par, son, etc. En otro pasaje dice: «Pues ¿qué puede resistir a una voluntad que está unida con la voluntad de Dios? Semejante voluntad está con tal poder que cumple siempre sus propósitos. No es *ninguna voluntad desnuda* que carezca de su vestido la fuerza, sino que lleva consigo una insuperable omnipotencia con la que puede extirpar y plantar, matar y dar vida, atar y desatar, curar y dañar; poder que se concentra y recoge todo en la regia voluntad, nacida libre, y poder que solemos llegar a conocer después de habernos hecho uno con el espíritu del Salvador o de habernos unido con él en un espíritu y una esencia». Otro pasaje: «Tenemos que ahogar o anegar las muchas y variadas voluntades que nazcan de la mezclada esencia del alma, y perdernos en las abismáticas honduras, de donde saldrá y surgirá la *voluntad virginal,* que jamás ha sido sierva de cosa alguna, sino que, enteramente libre y pura, está en relación con la fuerza todopoderosa y que produce frutos y consecuencias inefables... de donde el ardiente óleo del espíritu del Salvador se enciende en las chispas que la *magia* emite».

También Jacobo Böhme, en su *Explicación de seis puntos,* habla, en el punto V, de la magia, en el sentido expuesto. Entre otras cosas dice que: «La magia es la madre de la esencia de todas las esencias, pues se hace a sí misma y se entiende en los *apetitos*... La recta magia no es esencia alguna, sino el *espíritu apetitivo* de la esencia... En suma: la magia es el hacer en el *espíritu volitivo*».

Como confirmación, o en todo caso como explicación del punto de vista expuesto acerca de la voluntad como el verdadero agente de la magia, puede insertarse aquí una extraña anécdota que, tomándola de Avicena, cuenta Campanella en el libro IV, cap. 18, *De sensu rerum et magia*. Dice que «unas mujeres acordaron ir a un jardín a esparcir el ánimo, no habiendo ido una de ellas. Jugando las demás cogieron una naranja y la pinchaban con agudas agujas diciendo: así agujereamos a la mujer tal, que rehusó venirse con nosotras; y habiendo echado la naranja a un pozo, se fueron. Hallaron en seguida a aquella mujer dolorida, pues había sentido como si la hubiesen traspasado con clavos a la hora en que ellas pincharon la naranja, habiéndose estado atormentada hasta que sacaron los alfileres de la naranja, imprecando la salud de la enferma».

Krusenstern, en su *Viaje alrededor del mundo,* 1812, nos presenta una descripción muy notable y prolija de hechicería matadora, que ejercen a las veces con éxito,

6. Magnetismo animal y magia

los sacerdotes de los salvajes de la isla Nuckahiwa, y cuyos procedimientos son enteramente análogos a los de nuestras curas por simpatía. Dice así: «Me parece que tiene alguna relación con su religión una creencia general en la brujería, que es muy considerada por los isleños todos, pues según dicen ellos, tan sólo los sacerdotes disponen de esa fuerza mágica, aun cuando logran algunos del pueblo llegar a poseer el secreto, verosímilmente para hacerse de temer y obtener presentes. Esta brujería, que llaman *kaha,* consiste en matar por un modo lento a aquel a quien odian, siendo el término fijado el de veinte días. Se hace así: el que quiere ejecutar su venganza por encantamiento, busca, sea como fuese, la saliva, la orina o el excremento de su enemigo, y una vez obtenido, lo mezcla con polvo, pone la mescolanza en una bolsa, tejida de un modo especial, y la entierra. El importante secreto consiste en el arte de tejer bien la bolsa y en la preparación del polvo. Una vez enterrada la bolsa, muéstranse ya los efectos en la víctima del encantamiento. Enferma, languidece de día en día, y a los veinte muere sin remisión. Si, por el contrario, procura apartar la venganza de su enemigo y compra su vida con un cerdo u otro regalo de importancia, puede salvarse, aun en el día decimonoveno, así que se desentierra la bolsa, cesando los efectos de la enfermedad. Restablécese poco a poco y a los pocos días está ya sano». Es esto muy digno de tenerse en cuenta, por cuanto aparece esta tradición enteramente lo mismo que todas las europeas, estando en país tan lejano de ellas.

Compárese con ella, sobre todo lo que cuenta acerca de las jaquecas Bende Bendsen, en la nota de las páginas

128 a 132 del tomo 9.º del *Archivo de magnetismo animal,* de Kieser. Cuenta que él mismo encantó a otro mediante cabellos cortados del mismo, y concluye diciendo: «El llamado arte de brujería, en cuanto de él tengo experiencia, no consiste en otra cosa más que en la preparación y aplicación de un medio magnético que haya de obrar perjudicialmente, unido con un *mal efecto de la voluntad;* éste es el pacto con Satanás».

El acuerdo de todos estos escritores, tanto de unos con otros como con las convicciones a que ha llevado en tiempos modernos el magnetismo animal, y finalmente también con lo que en este respecto puede seguirse de mis doctrinas especulativas es un fenómeno muy digno de atención. Lo cierto es que a todos los ensayos de magia que ha habido, hayan obtenido o no éxito, sirve de base una anticipación de mi metafísica, en cuanto se expresa en ellos la conciencia de que la ley de causalidad no es más que el lazo de los fenómenos, quedando independiente de él la esencia en sí de las cosas, y que si es posible una acción *inmediata* sobre la Naturaleza a partir de esa esencia, desde dentro sólo puede cumplirse por la *voluntad* misma. Si se quisiera considerar a la magia, según la clasificación de Bacon, como la metafísica práctica, sería lo cierto que la metafísica teórica que mejor se adaptaba a su relación habría de ser no otra que mi resolución del mundo en voluntad y representación.

El feroz celo con que en todos los tiempos ha perseguido la Iglesia a la magia, y de que da un terrible testimonio el papal *malleus maleficarum,* no parece descansar tan sólo en los criminales intentos que a menudo se unían a ella, ni en el papel que se suponía jugaba el diablo, sino que brotaba en parte de un oscuro presentimiento y cuidado de que la magia reduciría la fuerza primitiva a su fuente verdadera, mientras que la Iglesia le había asignado un lugar fuera de la Naturaleza. Confírmase esta sospecha por el odio del tan previsor clero inglés contra el magnetismo animal, así como por su vivo celo contra las inocentes mesas rotatorias, contra las que no ha dejado de lanzar sus anatemas la clerecía también en Francia y aun en Alemania. El 4 de agosto de 1856 dirigió la Inquisición romana una circular a todos los obispos, recomendándoles, en nombre de la Iglesia, que trabajen en contra del ejercicio del magnetismo animal. Las razones para ello se dan con notable oscuridad e imprecisión, circulando por debajo una mentira y notándose que el Santo Oficio no quiere dar la verdadera razón.

7. Sinología

Nada habla más en pro del alto grado de civilización de la China como la casi increíble densidad de su población, que, según los datos de Gützlaff, puede estimarse ya en 367 millones de habitantes, puesto que si comparamos tiempos y países, veremos que, en conjunto, va la civilización de par con la población.

Los misioneros jesuitas de los siglos XVII y XVIII, llenos de celo por apartar a aquel antiquísimo pueblo de su propia fe, relativamente moderna, y en el vano empeño, además, de encontrar entre ellos huellas de otra fe, no llegaron a enterarse de la allí dominante. De aquí el que no haya tenido Europa hasta nuestros días conocimiento alguno del estado de la religión en China. Sabemos que hay ante todo un culto nacional de la Naturaleza, acatado por todos, y que arranca de antiquísimos tiempos, de aquellos en que no se había inventado aún el fuego, por lo cual se ofrecían crudos los sacrificios de animales. A este culto pertenecen los sacrificios que ofrecen públicamente el emperador y los grandes dignatarios en épocas determinadas. Dedícanselos ante todo al cielo azul y a la tierra, aquéllos en el solsticio de invierno, éstos en el de verano, y después a todas las potencias posibles de la Naturaleza, como al mar, a las montañas, a los ríos, a los vientos, a los truenos, a la lluvia, al fuego, etc., a cada una de las cuales fuerzas preside un genio, que tiene numerosos templos. Tiénelos también el genio que preside a cada provincia, ciudad, pueblo, calle, aun a un cementerio de familia y hasta al almacén de un comerciante, recibiendo todos estos no más que culto privado. Ofrécese, además, el público al gran emperador actual, a los fundadores de las dinastías, a los héroes, es decir, a todos aquellos que por sus doctrinas o sus hechos han sido bienhechores de la Humanidad (China). También éstos tienen templo; tan sólo Confucio, 1650. De aquí el que haya muchos pequeños templos en toda la China. Con este culto de los héroes se relaciona el culto privado que rinde cada honrada familia a sus predecesores sobre sus tumbas. Fuera de este culto general de la Naturaleza y de los héroes, y con más intento dogmático, hay en China dos doctrinas religiosas. La una es la de *Laotse,* fundada por *Laotse,* contemporáneo de Confucio. Es la doctrina de la razón, como interna ordenadora del mundo, o principio inmanente de todas las cosas, el gran Uno, la elevada viga maestra *(taiki)* que soporta todos los cabrios, estando sobre ellos (propiamente el alma del mundo que lo penetra todo), y la doctrina del *Tao,* esto es, del *camino* para la salud, o sea para la redención del mundo y de su dolor. Una exposición de esta doctrina, tomándola de su fuente, es lo que nos ha presentado en el año 1842 Estanislao Julien, en la traducción del *Laotseu Taoteking*. Vemos por ella que el sentido y espíritu de la doctrina del Tao concuerda por entero con la del budismo.

Parece, sin embargo, que esta secta está muy postergada, y que se tiene en poca estima a sus doctrinas. En segundo lugar hallamos la sabiduría de Confucio, profesada especialmente por los doctos y hombres públicos. A juzgar por las traducciones, es una filosofía moral, vulgar, ramplona y predominantemente política, sin metafísica que la sustente, lo que tiene algo de aburrido y enojoso en sí. Finalmente, para la gran masa de la nación hay la elevada y noble doctrina de Buda, nombre, o más bien título, que se expresa en China por Fo o Fu, mientras que en Tartaria se le llama el Perfecto, según su nombre de familia Sakiamuni, y también Burkhaubaxhi entre los birmanos, y en Ceilán más bien Gótoma y Tathágata; pero originariamente se llamaba príncipe Siddharta. Esta religión, a la que, tanto a causa de su interna excelencia y verdad, como por el predominante número de sus fieles, hay que considerar como la principal en la tierra, domina en la mayor parte del Asia y cuenta, según Spence Hardy, su más moderno investigador, con 369 millones de adherentes, y, por lo tanto, con muchos más que cualquiera otra. Estas tres religiones de China, la más extendida de las cuales, el budismo, se sostiene por sí misma, sin apoyo del Estado, lo que habla mucho en su favor, están muy lejos de luchar entre sí, sino que más bien coexisten tranquilamente, y aún hay más, y es que tal vez por recíproco influjo tienen una cierta concordancia entre sí, de tal modo que es ya un adagio el de que «las tres doctrinas no son más que una». El emperador, como tal, confiesa todas tres; muchos emperadores, hasta los tiempos más recientes, han sido especialmente adictos al budismo, del que atestigua su profunda reverencia hacia el Dalai-Lama, y aun hasta el Teschun-Lama, al que ceden la preeminencia sin dificultad alguna. Estas tres religiones no son ni monoteístas ni politeístas, por lo menos, el budismo, ni tampoco panteístas, puesto que Buda no ha considerado como una teofanía a un mundo hundido en el pecado y la pena, cuyos seres, caídos todos en la muerte, subsisten un breve momento, mientras uno devora a otro. En general, la palabra panteísmo contiene propiamente una contradicción, pues designa un concepto que se suprime a sí mismo, y que los que lo entiendan no pueden tomarlo en serio más que como un giro cortés, por lo cual no se les ocurrió a los sagaces e ingeniosos filósofos del siglo pasado el no tener a Spinoza por un ateo porque llame al mundo *Deus,* sino que estaba reservado para los filósofos en broma de nuestro tiempo, los que sólo conocen las palabras, el descubrimiento de que no fue ateo, y eso del acosmismo..., ¡guasones! Pero yo aconsejaría que se les dejara a las palabras su sentido, y que, cuando se crea otra cosa, se emplee otra palabra, llamando al mundo, mundo, y a Dios, Dios.

Los europeos que se ocupan en adquirir noticias acerca del estado religioso de China parten para ello, como es ordinario y lo han hecho antes, en análogas circunstancias, los griegos y romanos, del punto de contacto de aquéllas con sus propias creencias nativas. Y como quiera que, según su modo de pensar, el concepto de la religión se identifica con el del teísmo, o por lo menos han crecido tan juntos que no sabe separarlos, y como quiera, además, que antes de haberse obtenido exacto conocimiento del Asia se había difundido en Europa, para el fin del argumento *consensu gentium,* la falsa opinión de que todos los pueblos de la tierra reverencian a un solo Dios, o por lo menos a un Dios supremo y creador, y como se hallaron en un país en que vieron templos, sacerdotes, claustros en abundancia y usos religiosos en frecuente ejercicio, concluyeron, sobre la base de su prejuicio, que había que encontrar allí teísmo, si bien en forma extraña. Mas después que vieron fallida su esperanza, encontrándose con que no tenían idea alguna de semejante cosa ni aun palabra con qué expresarla, era natural que, dado el espíritu con que conducían sus investigaciones, consistiera su primera noticia de aquellas religiones más en lo que *no* contenían que en su contenido positivo, en que debía de ser difícil de orientarse a cabezas europeas, sobre todo, y por muchas razones, por ejemplo, porque se educan en el optimismo y allí se considera a la existencia como un mal, y al mundo como un escenario de dolor en que sería mejor no hallarse. Sucedía, además, lo dicho a causa del decidido idealismo que es esencial así al budismo como el hinduismo, posición que en Europa consideran ciertos enormes filósofos como una paradoja en que apenas puede pensarse seriamente, pero que en Asia ha encarnado hasta en el credo popular, puesto que en el Indostán es general, como doctrina de la Maya, y en el Tíbet, principal asiento de la Iglesia budista, es tan popular que se representa en una gran festividad una comedia religiosa en que sale el gran

Dalai-Lama en controversia con el archidiablo; aquél apoya el idealismo, y éste el realismo, diciendo, entre otras cosas: «Lo que se percibe por los cinco sentidos de todo conocimiento no es ilusión alguna, y lo que enseñáis no es verdad». Después de larga disputa decídese por fin la cuestión con los datos; el realista, es decir, el diablo, pierde y se le persigue con burla general. Si se tiene presente esta diferencia fundamental del modo todo de pensar, se hallará excusable y hasta natural el que, al investigar los europeos las religiones de Asia, se fijasen ante todo en los puntos negativos, propiamente extraños al asunto, por lo cual nos encontramos con una multitud de datos referentes a ellas, pero que no nos dan conocimiento positivo, datos todos que se reducen a que es extraño a los budistas y a los chinos en general el monoteísmo, doctrina exclusivamente judía después de todo. Así, por ejemplo, en las *Lettres édifiantes* (ed. de 1819, vol. 8, pág. 48) se dice que «los budistas, cuya opinión acerca de la transmigración de las almas ha sido generalmente aceptada, son culpables de ateísmo», y en las *Asiatic Researches* (vol. 6, pág. 255) que «la religión de los birmanos (el budismo) no los presenta como un pueblo, que ha pasado con mucho de la rudeza del estado salvaje, y que en todos los actos de la vida se halla muy bajo el influjo de opiniones religiosas, pero que, sin embargo, no tiene conocimiento alguno del Ser Supremo, del Creador y conservador del mundo. A pesar de lo cual el sistema moral que recomiendan sus fábulas es quizá tan bueno como cualquier otro de los que se predican en las doctrinas religiosas que dominan en el género humano». En la misma obra (pág. 180), se dice que: «La secta de

Gotoma tiene por altamente impía la creencia en un ser divino que haya creado el mundo». En la pág. 268 cuenta Buchanan que el Zarado, o sumo sacerdote de los budistas de Ava, Atuli, en una Memoria acerca de su religión, que entregó a un obispo católico, entre las seis herejías condenables contaba la doctrina «de que exista un ser que haya creado el mundo y todas las cosas que hay en él, y que sea el único digno de ser adorado». Exactamente lo mismo cuenta Sangermano, en su *Description of the Burmese empire,* Roma, 1833, pág. 81, terminando la mención de las seis graves herejías con las palabras siguientes: «El último de estos impostores enseñaba que existe un ser supremo, creador del mundo y de todas las cosas que hay en él, y único digno de adoración». También Colebrooke, en su *Essay on the philosophy of the Hindus* (en el volumen I de las *Transactions of the R. Asiatic Society,* pág. 236), dice que: «Las sectas de Yaína y Buda son efectivamente ateas, en cuanto no reconocen creador alguno del mundo o providencia suprema que lo rija». Lo mismo dice J. J. Schmidt en sus *Investigaciones acerca de los mongoles y tibetanos,* pág. 180: «El sistema del budismo no conoce ningún único ser eterno e increado que existiese antes de todos los tiempos y que haya creado todo lo visible e invisible; pues tal idea le es enteramente extraña, sin que se halle el menor rastro de ella en los libros búdicos». No menos vemos al docto sinólogo Morrison, en su *Chinese Dictionary,* 1815, vol. I, pág. 217, esforzarse por encontrar las huellas de un dios en los dogmas chinos, y exponer del modo más favorable a su empeño todo lo que parezca apoyarlo, y confesar, sin embargo, por fin que no se encuentra claramente tal cosa. En esta misma obra, págs. 268 y siguientes, al explicarse las palabras *Thung* y *Tsing,* esto es, reposo y movimientos, conceptos sobre que reposa la cosmogonía china, renueva aquella indagación y concluye diciendo que: «Es tal vez imposible absolver a este sistema de la culpa de ateísmo». Recientemente aún dice Upham en su *History and Doctrine of Buddhism,* Londres, 1829, pág. 102, que: «El budismo nos presenta un mundo sin director moral, guía o creador». También el sinólogo alemán Neumann dice que: «En China, en cuyo lenguaje ni los mahometanos ni los cristianos hallaron una palabra para designar el concepto teológico de la divinidad..., las palabras Dios, alma, espíritu, como algo independiente de la materia, y que la domine a su arbitrio, son palabras desconocidas...». «Tan íntimamente –añade– ha proseguido esta marcha de ideas de par con el lenguaje, que es imposible traducir al chino, sin gran rodeo, los primeros versículos del Génesis, de modo que queden en chino real y efectivo.» Precisamente por esto ha publicado sir George Staunton, en 1848, un libro titulado *Investigación acerca de la manera más adecuada de traducir la palabra Dios al verter las Sagradas Escrituras al chino.*

Con esta exposición y estas citas no he querido más que iniciar y hacer más claro el altamente notable pasaje, cuya comunicación es el fin de este capítulo, puesto que he presentado al lector el punto de vista desde el cual se llevaron a cabo aquellas investigaciones, explicando la relación que guardan con su objeto. En efecto, cuando los europeos fueron a China y empezaron a investigar por la vía mencionada y en el sentido dicho, dirigiendo sus preguntas siempre respecto al supremo principio de las cosas todas y al poder que rige al mundo, remitióseles a menudo a lo que se designa con la palabra *Tien* (la transcripción inglesa es *Thèen*). La significación próxima de este vocablo es «cielo», como nos la da el mismo Morrison en su Diccionario. Pero es bastante sabido que se la emplea también en sentido traslaticio, recibiendo entonces un sentido metafísico además del propio. Ya en las *Lettres édifiantes* (edición de 1819, vol. II, pág. 461), hallamos la siguiente aclaración acerca de esto: «*Hing-tien* es el cielo material y visible; *Chin-tien,* el espiritual e invisible». Por su parte, Sonnerat, en su *Viaje a las Indias Orientales y China,* lib. 4.ª, cap. 1, dice que: «Cuando los jesuitas discutieron con los demás misioneros sobre si la palabra *Tien* significaba cielo o Dios, considerando los chinos a estos extranjeros como gente inquieta, les echaron de Macao». En todo caso podían los europeos esperar en un principio ponerse con esa palabra en la pista de la tan persistentemente buscada analogía entre la metafísica china y sus propias creencias, siendo investigaciones de este género, sin duda alguna, las que han llevado al resultado que vemos expuesto en un ensayo titulado *Teoría china de la creación,* ensayo que se halla en el *Asiatic Journal,* vol. 22, año 1826. Acerca del allí citado Chu-fu-tze, llamado también Chu-hi, hago notar que vivió en el siglo XII de nuestra era, siendo el más famoso de los letrados chinos, porque recogió y sistematizó la sabiduría de los antiguos. Su obra es la base de la actual instrucción china, y su autoridad de gran peso. En el lugar citado (págs. 41 y 42), se dice que: «Podría parecer que la voz Tien designa al altísimo entre los grandes, o sobre todo, lo que es grande en la tierra; pero en la práctica la vaguedad de su significado es, sin comparación, mayor que la del término cielo en los idiomas europeos...». «Chu-fu-tze nos dice que afirmar que el cielo tenga *un hombre* (es decir, un sabio) que juzgue y decida de los crímenes, es algo que no cabría decir en absoluto; pero no es cosa de afirmar, por otra parte, que no haya nada que ejerza una suprema inspección sobre estas cosas.» «Como a este mismo escritor se le preguntara acerca del *corazón del cielo,* y si era o no ininteligencia, contestó que no puede decirse que sea inteligente el espíritu de la Naturaleza, pero que no tiene semejanza alguna con el pensar del hombre.» «Según una de sus autoridades, llámasele a Tien regidor o señor (Chu) a causa del concepto del supremo poder, y otra se expresa sobre él así: si el Cielo (Tien) no tuviera espíritu alguno previsor, sucedería que podría nacer de una vaca un potro, y que el albérchigo diese peras.» Por otra parte, se dice que *hay que derivar el espíritu del cielo de lo que es la voluntad del género humano.* (Es el traductor inglés quien ha querido expresar su admiración con los signos de ella.)

La concordancia de esta última conclusión con mi doctrina es tan notable y pasmosa que si el pasaje no hubiese sido escrito ocho años después de la aparición de mi obra, no se podría por menos que afirmar que había yo tomado de ella mi idea capital. Sabido es, en efecto, que las armas defensivas en contra de las nuevas ideas son tres: no enterarse de ellas, no dejarlas pasar y, finalmente, afirmar que han existido ya de largo tiempo. Pero la independencia de mi idea capital, respecto a esta autoridad china, reposa sólidamente sobre la base citada, pues creo se me hará el favor de creer que no conozco el idioma chino y que, por consiguiente, no estoy en disposición de sacar para mi propio uso pensamientos de obras chinas originales y desconocidas de otros. Ulteriores investigaciones me han dado por resultado el de que el citado pasaje ha sido sacado muy probable y aun seguramente del Diccionario chino de Morrison, en el cual y bajo el signo *Tien* hay que ir a buscarlo. Fáltame sólo ocasión de verificarlo*. La Revista de teología histórica de Illgen, tomo 7.°, 1837, contiene un trabajo de Neumann acerca de «la filosofía de la Naturaleza y de la religión de los chinos, según la obra de Chu-hi», trabajo en que de la página 60 a la 63 aparecen pasajes que es evidente proceden de fuentes comunes a las de los citados pasajes del *Asiatic-Journal*. Pero están redactados con la indecisión de expresión tan frecuente en Alemania y que excluye el entendimiento inglés. Obsérvese, además, que este traductor de Chu-hi no ha entendido por completo su texto, por lo cual no cabe dirigirle censura alguna en atención a la gran dificultad de ese lenguaje para los europeos y a la insuficiencia de los medios de ayuda. Y entretanto no obtenemos de ahí la deseada aclaración.

---

* Según cartas de Doss, del 26 de febrero y 8 de junio de 1857, los pasajes aquí citados están en el vol. I, del *Chinese Dictionary* de Morrison, Macao, 1815, pág. 857, bajo el signo *Teen,* en otro orden, pero con las mismas palabras. El más importante pasaje dice así: «El cielo hace del espíritu de la Humanidad su espíritu, en más antiguas discusiones acerca del cielo, su espíritu o voluntad fue divinizado de lo que era la voluntad de la Humanidad». Neumann ha traducido a Doss el pasaje, independientemente de Morrison y en su traducción, dice así este final: «Por el corazón del pueblo se revela ordinariamente el cielo». *(N. del A.)*

Tenemos, pues, que consolarnos con la esperanza de que con el comercio cada vez más libre con China llegue un día en que nos dé algún inglés conclusiones más precisas y exactas acerca del dogma con tan lamentable brevedad expuesto en el mencionado pasaje.

8. Remisión a la ética

Quedan fuera de mi actual propósito las confirmaciones de las demás partes de mi doctrina. Permítaseme, sin embargo, que para concluir haga una referencia general a la ética.

Desde antiguo han reconocido todos los pueblos que el mundo tiene además de su significación física otra moral, a pesar de lo cual sólo se ha llegado a una oscura conciencia del punto, que buscando su expresión, se ha revestido de figuras y mitos varios. Tales son las religiones. Los filósofos, por su parte, hanse ocupado en todos tiempos en lograr una clara comprensión del asunto, y sus sistemas todos, si se exceptúan los estrictamente materialistas, concuerdan a pesar de sus diferencias, en que lo más importante, es más, lo único esencial de la existencia toda, aquello a que se reduce todo, la significación propia, el eje del mismo, estriba en la moralidad de las acciones humanas. Pero en cuanto se trata del sentido de esto, del modo y manera de la posibilidad de ello, pónense ya en el mayor desacuerdo, teniendo un abismo de oscuridad ante sí. De aquí el que sea fácil predicar moral, pero difícil fundamentarla. Precisamente porque aquel punto se establece por la conciencia, se le convierte en prueba de toque del sistema, en cuanto se exige con razón a la metafísica que sea el soporte de la ética; y ahora nace el difícil problema de mostrar en contra de toda experiencia, al orden físico de los seres como independientes del orden moral, de hallar una conexión entre la fuerza que, obrando según eternas leyes naturales, da consistencia al mundo, y la moralidad que radica en el pecho humano. Aquí han fracasado los mejores. Spinoza pega a las veces, mediante sofismas, una doctrina de la virtud a su panteísmo fatalista, pero más a menudo deja a la moral en la estacada. Kant, después de llevar a su fin a la razón teórica, saca a escena como *deus ex machina* al imperativo categórico, entresacado de meros conceptos, y con él un deber absoluto. Púsose de manifiesto su falta cuando Fichte, que toma siempre el exagerar por sobrepujar, con amplitud y pesadez cristian-wólfica extendió ese principio hasta hacer un sistema completo de *fatalismo moral* en su *Sistema de moral,* expuesto más brevemente en su último folleto, *La doctrina de la ciencia en bosquejo general,* 1810.

Desde este punto de vista es innegable que un sistema que pone en la *voluntad* la realidad de toda existencia y la raíz de la Naturaleza toda, mostrando en ella el corazón del mundo, es un sistema que por lo menos tiene un fuerte prejuicio en su contra, puesto que alcanza por camino derecho y sencillo y hasta teniéndolo ya a mano,

8. Remisión a la ética

antes de ir a la ética, lo que han buscado los demás por ambages, saliéndoles siempre mal. La verdad es que no cabe alcanzarlo más que teniendo en cuenta que la fuerza que obra en la Naturaleza y que representa a nuestro intelecto este mundo sensible, es idéntica a la voluntad residente en nosotros. Sólo es base efectiva e inmediata de la ética aquella metafísica que es ya originariamente ética construida de la materia de la ética, la voluntad, por lo cual podría yo con mejor razón que Spinoza haber llamado ética a mi metafísica, pues en Spinoza aparece casi como una ironía, cabiendo afirmar que se le da ese nombre como *lucus a non lucendo*[1], puesto que sólo por sofismas pudo relacionar la moral con un sistema del que nunca habría podido brotar consecuentemente, y aun negándola derechamente la mayor parte de las veces con la mayor osadía (por ejemplo, *Eth.* IV, prop. 37, schol. 2). Puedo en general afirmar abiertamente que jamás ha habido un sistema filosófico tan cortado de una sola pieza como el mío, sin añadidos ni centones. Es, como tengo ya dicho en el prólogo al mismo, el desarrollo de una idea única, con lo que se confirma una vez más el antiguo dicho de que la palabra de la verdad nació sencilla. Hay que tener en seguida en consideración que respecto a la libertad y la responsabilidad, estos dos pilares de toda ética, cabe, es cierto, afirmarlas con palabras, sin admitir la aseidad de la voluntad; pero no cabe pensarlas así. Quien quiera disputar esto tiene antes que rechazar

---

[1] Esta frase latina podríamos expresarla en castellano diciendo: *rabón de que no tiene rabo*. Quiere decir que se le da a una cosa nombre de la cualidad de que carece, por la raíz de ésta designada. *(N. del T.)*

aquel axioma, establecido ya por los escolásticos, que dice que *operari sequitur esse* (es decir, que de la condición de cada ser se sigue su obrar) o demostrar que es falsa la consecuencia del mismo *unde esse, inde operari*. La responsabilidad tiene por condición a la libertad y ésta a la originalidad. En efecto, *quiero* porque *soy*, y por lo tanto tengo que *ser* antes de *querer*. Así, pues, la aseidad de la voluntad es la primera condición de una ética seriamente concebida, y con razón dice Spinoza que «se dice libre a aquello que existe por su sola necesidad, determinándose a obrar por sí sola» *(Ethica,* I, def. 7). Dependencia respecto al ser y esencia unida con libertad en el hacer es una contradicción. Si Prometeo quisiera reprochar a sus criaturas por lo que hacen, podrían éstas contestarle con razón: sólo podíamos obrar en cuanto existíamos, pues del existir se sigue el obrar. Si nuestros actos son malos, depende esto de nuestra constitución; obra tuya es ésta; castígate, pues, a ti mismo. No otra cosa sucede con la indestructibilidad de nuestra verdadera esencia por la muerte. No cabe imaginarse seriamente la indestructibilidad ésta no admitiendo la aseidad de la voluntad, como es también difícil hacerlo a no considerar la separación fundamental de la voluntad respecto al intelecto. Este último punto pertenece a mi filosofía; respecto al primero, lo expuso ya fundamentalmente Aristóteles *(De coelo,* I, 12), al mostrar prolijamente que sólo puede ser imperecedero lo increado, y que son éstos dos conceptos que se condicionan, siguiéndose uno al otro, lo inengendrable a lo incorruptible y lo incorruptible a lo inengendrable, como se siguen lo engendrable y lo corruptible, siendo necesariamente corruptible lo que sea engendrable[30]. Así lo entendieron entre los filósofos antiguos todos aquellos que enseñaron la inmortalidad del alma, sin que a ninguno de ellos se le ocurriera querer atribuir duración inacabable a una esencia *nacida*. De la confusión a que lleva la opinión opuesta atestíguannos las controversias mantenidas en la Iglesia por los preexistencianistas, creacionistas y traduccionistas.

Es, también, un punto relacionado con la ética el optimismo de todos los sistemas filosóficos, que no puede faltar en ninguno de ellos, como término obligado; pues el mundo quiere oír que es agradable y excelente, y los filósofos quieren agradar al mundo. Conmigo sucede otra cosa; he visto lo que agrada al mundo y, por lo tanto, para agradarle, no me apartaré ni un paso de la senda de la verdad. Así es que también en este punto discrepa mi sentido de todos los demás, quedándose solo. Pero sucede que después de haber llevado a cabo todos ellos su demostración, cantando su canción del mejor de los mundos, viene, por fin, por detrás del sistema, como un vengador del fantasma, como un espíritu de las tumbas, como el convidado de piedra del *Don Juan Tenorio,* la cuestión acerca del origen del mal, del monstruoso mal, del horrible padecer que hay en el mundo, y enmudecen, o no tienen más que palabras vacías y sonoras para pagar tan estrecha cuenta. Por el contrario, cuando en la base ya de un sistema se entreteje la existencia del mal con la

---

30. El texto aristotélico, en traducción latina, dice así: *Haec mutuo se sequuntur, atque ingenerabile est incorruptibile, et incorruptibile ingenerabile –generabile enim et corruptibile mutuo se sequuntur– si generabile est, et corruptibile esse necesse est.*

del mundo, no hay que temer a las viruelas en un niño vacunado. Y éste es el caso cuando en vez de poner la libertad en el *operari,* se pone en el *esse,* sacando de él el mal, la maldad y el mundo. Es justo, por lo demás, que como a hombre serio, se me conceda el que hablo sólo de cosas que conozco real y efectivamente, y que no uso más que palabras a que doy un sentido completamente preciso, pues sólo así puede uno comunicarse con seguridad con los demás, teniendo mucha razón Vauvenargue al decir que la claridad es la buena fe de los filósofos[31].

Así, pues, cuando digo «voluntad, voluntad de vivir», no se trata de ningún ente de razón, de ninguna hipóstasis fabricada por mí, ni de palabra alguna de sentido incierto y vacilante, sino que a quien me preguntase qué es ello le remitiría a su propio interior, donde lo hallará completo, con colosal tamaño, como un verdadero *ens realissimum.* No he explicado, pues, el mundo por lo desconocido, sino más bien por lo más conocido que hay, y que nos es conocido de una manera muy otra que todo lo demás. Finalmente, por lo que hace a la paradoja que se ha reprochado, al resultado ascético de mi ética, que le ha chocado a Juan Pablo, juez por lo demás tan favorable de mis doctrinas, resultado que le indujo a escribir en 1820 un libro bien intencionado en contra de mí al Sr. Raetze (que no sabía que el único método aplicable en contra mía es el del silencio) y que desde entonces ha sido el tema de las censuras a mi filosofía; por lo que hace a tal resultado, digo, ruego que se considere

---

31. *La clarté est la bonne foi des philosophes.*

que sólo cabe llamarlo paradójico en este rincón Noroeste del Viejo Continente, y que más bien sólo aquí en tierras protestantes, y que por el contrario en toda el Asia, donde quiera que el repugnante islamismo no haya destruido a fuego y hierro las antiguas y profundas religiones de la Humanidad, antes que otra cosa correría tal resultado el riesgo de ser tachado de trivialidad. Consuélome, pues, con que mi ética es enteramente ortodoxa respecto al Upánischada de los santos Vedas, como respecto a la religión universal de Buda, y con que tampoco está en contradicción con el antiguo y genuino cristianismo. Contra todas las demás acusaciones de herejía estoy acorazado con una triple malla en torno al pecho.

Conclusión

A las confirmaciones, en cierto modo notables, enumeradas en este tratado, que han ofrecido las ciencias empíricas a mi doctrina desde la aparición de ésta, pero independientemente de ella, es indudable que se añadirán otras muchas que no han llegado a mi conocimiento, pues es muy poca la parte de literatura de ciencias naturales, tan cultivada en todos los idiomas, que permiten estudiar el tiempo, la ocasión y la apariencia. Pero lo aquí expuesto me da ya la confianza de que sazona el tiempo de mi filosofía, y veo con placer, que me corrobora el corazón, cómo en el transcurso de los años se pronuncian poco a poco las ciencias empíricas de nada sospechosos testigos en pro de una doctrina, sobre la que han observado prudente e inquebrantable silencio durante diecisiete años los «filósofos de profesión» (algunos se dan a sí mismos muy ingenuamente esta denominación, así como la de «oficio filosófico»), dejándole a

Juan Pablo, no iniciado en su política, que hable de ella. Alabarla puede haberles parecido copioso, y vituperarla, bien considerado, no muy seguro, no sea que el público, que no es de la profesión ni del oficio, llegue a tener conocimiento de que se puede filosofar muy seriamente, sin ser ininteligible ni aburrido. Para lo cual, como nadie se delata por el silencio, han debido comprometerse al método del secreto, como medio seguro contra el mérito, y de tal modo se las han arreglado, que en las actuales circunstancias no está esta filosofía bien calificada para que se la enseñe desde la cátedra, fin verdadero y último de toda filosofía, según su secreta opinión. Tan cierto es esto que si bajase del Olimpo la verdad desnuda, y se viera que lo que trajese no correspondía a las exigencias provocadas por las actuales circunstancias y a los fines del sumo superior, los señores «de la profesión y del oficio» no perderían, de seguro, el tiempo con esa ninfa indecente, sino que se apresurarían a despedirla cortésmente para el Olimpo, poner tres puntos en boca y quedarse tan tranquilos explicando sus compendios. Pues lo cierto es que quien corteje a esa beldad desnuda, a esa atractiva sirena, a esa novia sin ajuar de boda, debe renunciar a la dicha de ser filósofo de Estado o de cátedra. Llegará, a lo sumo, a filósofo de bohardilla. Sólo que, en compensación, en vez de un público de estudiantes de oficio que van a hacerse ganapanes, tendrá uno que conste de los raros individuos, escogidos y pensadores, que esparcidos aquí y allí entre la innúmera muchedumbre, aparecen aislados en el curso del tiempo, casi como un juego de la Naturaleza. Y allá, a lo lejos, se vislumbra una posteridad reconocida. Pero no deben de tener sospecha alguna de cuán hermosa y amable sea la verdad, qué placer el de seguir su huella, qué deleite en su goce, todos aquellos que pueden imaginarse que quien ha contemplado su cara pueda abandonarla, negarla, deformarla, por prostituido aplauso, o por sus empleos, su dinero, o sus títulos de consejeros reales. Antes puliría lentes, como Spinoza, o sacaría agua, como Cleantes. Por lo demás, pueden hacer lo que más les agrade; la verdad no se hará otra para agradar al «oficio». Después de todo a la filosofía seriamente cultivada le vienen muy estrechas las universidades, como todo aquello en que las ciencias estén bajo la tutela del Estado. Tal vez se llegue con ella a contarla en el número de las ciencias secretas, mientras resuene en las aulas aquel su contrahecho remedo, aquella *ancilla theologiae* de las universidades, aquella mala *doublette* de la escolástica, cuyo supremo criterio de verdad filosófica es el catecismo del país. –Vosotros por ese camino, yo por éste[32]–. (Shakespeare, en *Trabajos de amor perdido,* al fin.)

---

32. *You, that way; we, this way.*

Bibliografía selecta*

Obras de Arthur Schopenhauer

Sobre la filosofía de universidad, Madrid, Tecnos, 1991.
Metafísica de las costumbres, Madrid, Trotta, 2001.
El arte de conocerse a sí mismo, edición de Franco Volpi, Madrid, Alianza, 2007 (2012).
El arte de envejecer, edición de Franco Volpi, Madrid, Alianza, 2010.
El arte de hacerse respetar, edición de Franco Volpi, Madrid, Alianza, 2004 (2011).
El arte de insultar, edición de Franco Volpi, Madrid, Alianza, 2005 (2011).
El arte de tener razón: expuesto en 38 estratagemas, edición de Franco Volpi, Madrid, Alianza, 2002 (2010).
El arte de tratar con las mujeres, edición de Franco Volpi, Madrid, Alianza, 2008 (2011).
Meditaciones sobre el dolor del mundo, el suicidio y la voluntad de vivir, prólogo de Rafael Argullol, Madrid, Tecnos, 2002.
El mundo como voluntad y representación, 2 vols., Madrid, Alianza, 2010.
Sobre la libertad de la voluntad, edición de Ángel Gabilondo, Madrid, Alianza, 2000 (2012).

Obras acerca de Arthur Schopenhauer

MACEIRAS FAFIÁN, Miguel, *Schopenhauer y Kierkegaard: Sentimiento y pasión,* Madrid, Cincel, 1985.
MAGEE, Bryan, *Schopenhauer,* Madrid, Cátedra, 1991.
MANN, Thomas, *Schopenhauer, Nietzsche, Freud,* Madrid, Alianza, 2002.
NIETZSCHE, Friedrich, *Schopenhauer como educador,* Madrid, Biblioteca Nueva, 2000.

---

* Compilada por Alianza Editorial.

PHILONENKO, Alexis, *Schopenhauer: una filosofía de la tragedia*, Barcelona, Anthropos, 1989.
PULEO GARCÍA, Alicia H., *Cómo leer a Schopenhauer*, Madrid, Júcar, 1991.
RÁBADE OBRADÓ, Ana Isabel, *Conciencia y dolor: Schopenhauer y la crisis de la modernidad*, Madrid, Trotta, 1995.
RODRÍGUEZ ARAMAYO, Roberto, *Para leer a Schopenhauer*, Madrid, Alianza, 2001.
SAFRANSKI, Rüdiger, *Schopenhauer y los años salvajes de la filosofía*, Madrid, Alianza, 1998.
SAVATER, Fernando, *Schopenhauer: la abolición del egoísmo*, Barcelona, Montesinos, 1986.